SELLNER

FRANZÖSISCH IM ALLTAG

ALFRED SELLNER

FRANZÖSISCH IM ALLTAG

Alphabetisch geordnetes Nachschlagewerk
von französischen Sentenzen, Sprichwörtern, Phrasen,
Floskeln, Redewendungen, Zitaten und Formeln
sowie deren Abkürzungen mit rund 1500 Stichwörtern
aus allen Lebensbereichen

VMA-VERLAG
WIESBADEN

VMA-Verlag
Wiesbaden

Lizenzausgabe mit freundlicher Genehmigung des
Originalverlages

Druck und Bindung: Graphischer Großbetrieb, Pößneck
ISBN 3-928127-19-5

Zu diesem Buch

Dem mündlichen und schriftlichen Ausdruck unserer Zeit ist – zum Leidwesen vieler, die noch in humanistisch ausgerichteter Weltläufigkeit und Sprachgewandheit erzogen wurden – vor allem eines abhanden gekommen: der elegant-umschreibende Stil, die gewisse indirekt-höfliche und doch so treffende Feinheit der Formulierung, die bewußte Anwendung fremdsprachlicher Ausdrücke als Zeichen geistiger Regsamkeit und zur Betonung eines höheren Verständnisses kultureller Zusammenhänge.

Was also lag näher, als eine Zusammenstellung all jener Bezeichnungen, Redewendungen und oft zitierten Aussprüche zu wagen, die aus dem französischen Kulturkreis, über Jahrhunderte hinweg, ganz Europa nicht nur beeinflußten, sondern beherrschten? Am Hofe zu Wien wie zu St. Petersburg war zu Zeiten das Französische die normale Umgangssprache. Das ist freilich inzwischen Geschichte. Geblieben aber sind zahlreiche Ausdrücke, die aus dem Sprachgebrauch nicht mehr wegzudenken sind, vor allem in den gesellschaftlichen Bereichen der Diplomatie, Gastronomie, Mode, Literatur, Reitkunst usw., ebenso natürlich in Ballett und Theater, man denke etwa an die heute wieder so begeisternden, ausgefeilten Dialoge in den Werken eines Arthur Schnitzler, eines Hugo von Hofmannsthal, in denen der ganze »flair« und »savoir vivre« des alten Europa in schönster Weise »verdichtet« erscheinen.

Der spezifische Charme französischer Ausdrucksweise ist auch von besonderem Reiz für den eher aufs Nüchterne eingestellten deutschsprachigen Leser: Man versuche einmal, sozusagen »à première vue«, in diesem Band einzelne Phrasen – noch ohne nähere Betrachtung der Erklärung – rückzuübersetzen;[1] köstliche Umschreibungen und hochamü sante Wendungen werden da zutage treten. Hätten Sie gewußt, daß »le maître des hautes œuvres« einen Henker meint, und was sind denn »marguerites de cimetière«? Weiße Blumen am Friedhof? Mitnichten! Dieser Ausdruck bedeutet: das erste weiße Haar an der Schläfe. Und was ist nun eine »pièce de résistance«? Ein Theaterstück aus der Widerstandsbewegung?

Natürlich vertieft Beschäftigung mit der fremden Sprache auch den Blick in die »fremde« Kultur, in der ein Franzose zum Beispiel »vor lauter Häusern die Stadt nicht sieht«, womit belegt erscheint, daß er viel früher »feste Bauten« besaß als sein »germanischer« Nachbar, dem noch »die Bäume den Wald verstellen«. Man wird auch merken, wie stark im Französischen altes lateinisches (Sprach-)Erbe noch präsent ist – manche Phrase nimmt Bezug auf Musen, Götter, Mythologisches schlechthin. Und die Geschäfte *(faire, les affaires)* und die Leute *(les gens, le genre)* und das Leben im ganzen *(la vie, vivre, la viande, manger)* stehen recht eindeutig im Vordergrund vieler Formulierungen; wie man eben »von der französischen Sprache sagen kann, daß eines ihrer Hauptworte *raison* ist, welche in ihrer erstaunlichen Vielbeweglichkeit sogar ein Verbum bildet, das es sonst nicht gibt: *raisonner;* die in ihrer Ubiquität und Gültigkeit in allen Bereichen keiner anderen Sprache erlaubt mitzukommen ...«[2].

Wie reich dieser Fundus ist, aus dem wir geschöpft haben, zeigte die Qual der Wahl bei der Endredaktion dieses Buches; »sauf erreur et omission« wird diese Zusammenstellung wohl freilich nicht geblieben sein; für viele Wendungen gibt es, wie in allen Sprachen, abweichende Interpretationsmöglichkeiten bzw. auch mehrere Bedeutungen, vor allem, was die Herkunft betrifft. Belegbares wurde, soweit irgend möglich, aufgenommen; »ohne Auslassung« aber ging es natürlich nicht. Wir wollen hier kein enzyklopädi-

sches Wörterbuch und auch keine vollständige Idiomatik anbieten, sondern eine praktikable Auswahl, die im Rahmen des allgemeinen Interesses bestehen kann[3].
Man wird vielleicht einwenden wollen: Das alles kann aber doch auch ein Lexikon, ja teilweise vielleicht sogar der Duden. Ja und Nein. Diese Anthologie will – wiewohl alphabetisch aufgebaut[4] – ein wenig mehr: Sie will vor allem dazu helfen, im Gespräch, in Zeitungen oder bei sonstiger Lektüre, bei Vorträgen usw. angetroffene französische Wendungen »identifizieren« zu können; sie will darüber hinaus gezielt und in komprimierter Form dartun, wie reich und vielseitig, ja fast unerschöpflich die sprachliche Phrasierung im Französischen ist, deren wir uns in angemessener Weise immer noch und mit nicht geringem geistigem Gewinn im sprachlichen Ausdruck auch unserer Zeit bedienen können.

1 Grundlegende Französischkenntnisse, vor allem jene der Aussprache, werden vorausgesetzt; daher erfolgte eine wörtliche Übersetzung nur im besonderen Fall.

2 Zitiert aus : Theodor Haecker, Vergil – Vater des Abendlandes, Kapitel 8.

3 Vergleiche das Literaturverzeichnis.

4 Grundsätzlich erfolgte die Reihung nach dem ersten Buchstaben des ersten Wortes der ganzen Phrase; in Ausnahmefällen wird beim zweiten Wort nachzuschlagen sein. Beispiele: *au fond du panier* unter *(le) fond du panier,* oder *à la table d'hôte* bei *(la) table d'hôte.*
In der alphabetischen Abfolge unberücksichtigt blieben alle Artikel – *le, la, les, un, une, des* –, insofern der Ausdruck oder das Zitat damit beginnen. Beispiel: *le bon Dieu* – der liebe Gott – steht unter B.

Präpositionen wie *à, de, de la, du, dans, en, pour, sans* stehen im Alphabet, auch wenn dahinter ein Artikel folgt. Beispiel: *à la longue* steht unter A.
Ebenso nachzuschlagen sind alle Ausdrücke wie *c'est dommage* unter C, *en vogue* unter E, *sans doute* unter S.

A

à bas Nieder! Hinlegen!
à beaucoup près bei weitem.
à bras ouverts mit offenen Armen.
Académie française nationale Einrichtung Frankreichs, in Anlehnung an die »Akademie« (Philosophenschule) Platons, zur Pflege der Künste und Wissenschaften. Sie hat 40 ständige Mitglieder, die »Unsterblichen«.
accent aigu der Akut in der Zeichensetzung, z. B. in égalité.
accent circonflexe der Zirkumflex der Zeichensetzung, z. B. in être, forêt, pâtisserie (vgl. esse, Forst, Pasta) – a. c. bedeutet immer ein »unterdrücktes« S im Wortstamm.
accent grave der Gravis der Zeichensetzung, z. B. congrès, Jaurès.
accessoires eig. Zusätze, Nebensachen; modisches Zubehör wie Schmuck, Gürtel, Taschen usw.
accorder ses flûtes wörtlich: die Flöten abstimmen; sich einig sein, Maßnahmen treffen.
à ce point que so sehr, daß.
à charge de revanche auf Wiedervergeltung.
acheter chat en poche die Katze im Sack (frz. Tasche) kaufen.
à contretemps zur Unzeit, ungelegen.
à cor et à cri mit Hörnerschall und Jagdgeschrei.
à coup sûr ganz gewiß, sicherlich.
un acte de notoriété eidesstattliche Erklärung.
à demi-mot ohne daß man *alles* sagt.
à deux mains zweihändig (beim Klavierspielen).
Adieu eig. »mit, zu Gott« – Leb(t) wohl! Gott befohlen!
à Dieu ne plaise Gott behüte! Das möge Gott verhüten!
à discrétion zur Verfügung; nach Belieben.

à double entente zweideutig.

advienne que pourra komme, was (da) wolle; »mir ist das gleichgültig«.

à face (manchmal auch *en face*) gegenüber, »vis-à-vis«.

à face ou à pile aufs Geratewohl.

à faux vollig unangebracht, irrtümlich vorgebracht.

une affaire de rien völlige Belanglosigkeit.

une affaire de tout repos eine ganz sichere Angelegenheit.

l'affaire est mûre die Sache ist spruchreif.

à fleur de auf gleicher Höhe mit, waagrecht.

à fond gründlich, von Grund auf.

à fond de train in schärfstem Tempo.

à fonds perdu als Verlust (zu betrachten), auf Nimmerwiedersehen.

agent provocateur Polizeispitzel.

à gogo sehr behaglich, meist in der Verbindung **vivre à gogo**.

à haute voix laut (beim Sprechen).

à hue et à dia kreuz und quer (durchs Land).

à huis clos hinter verschlossenen Türen; juristisch: unter Ausschluß der Öffentlichkeit → *huis clos*.

aide-mémoire wörtlich: Gedächtnishilfe; in der Politik die Niederschrift von mündlich getroffenen Vereinbarungen.

aiguille wörtlich: Nadel; bezeichnet scharf zugespitzte Alpengipfel, zum Beispiel den *Aiguille du Midi* (Mont Blanc).

ainsi soit-il »so sei es«, das Amen als Gebetsschluß.

l'air et la chanson »Melodie und Lied«, bedeutet: Schein und Wirklichkeit.

à jour wörtlich: auf den Tag, meist in Verbindung *»à-jour-*sein«, sich auf dem laufenden befinden, nicht in Verzug; *à jour* bezeichnet »durchbrochen« bei Spitzen, Geweben, »freistehend« in der Architektur, »nur am Rande gefaßt« bei Edelsteinen.

à jour fixe zur festgesetzten Zeit.

à juste titre mit vollem Recht.

à la baisse wörtlich: auf die Erniedrigung, d.h. auf Fallen der Kurse spekulieren; die Floskel kann auch den Wasserstand betreffen.

à la belle étoile unter freiem Himmel.

à la bonne heure wörtlich: auf die gute Stunde, bedeutet: so ist's recht!

à la carte nach der Speisekarte (bestellen, essen).

à la dernière extrémité im äußersten Notfall.

à la fin des fins endlich!

à la garde de Dieu mag da kommen, was will.

à la guerre comme à la guerre es geht nun einmal nicht anders; das ist so unerbittlich wie der Krieg.

à la grâce de Dieu was immer Gott schickt, es soll recht sein.

à la hausse auf das Steigen der Kurse, Preise usw. (warten, spekulieren).

à la hussarde auf ganz brutale Weise (nach Art der Husaren).

à la lanterne hängt ihn auf! → *ça ira.*

à la lettre buchstäblich, wortgetreu.

à la ligne neue Zeile; (hier kommt ein) Absatz.

à la longue auf längere Zeit, längere Sicht (gerechnet, gesehen).

à la mode nach der (neuesten) Mode; die Komposita *À-la-mode*-Zeit, *À-la-mode*-Literatur bezeichnen die Nachahmung des französischen Stils und die gekünstelte Sprachform in der deutschen Literatur des 17. Jahrhunderts.

à la papa gutmütig (wie unser Väterchen).

A la recherche du temps perdu »Auf der Suche nach der verlorenen Zeit« ist der oft zitierte Romantitel von Marcel Proust, dessen exzentrischer Aufbau und Stil Generationen von Literaten beeinflußt hat.

à la renverse rücklings.

à la sourdine manchmal auch **en sourdine:** heimlich, geräuschlos; man vergleiche das »con sordino« in der Musik.

à la suite in der Folge, im Gefolge von.

à la vent vole »wie der Wind fliegt«, d.h. ohne Überlegung.

à la vieille mode wie damals, wie seinerzeit.

à l'époque wörtlich: zu der Zeit, bedeutet immer: damals.

à l'heure qu'il est jetzt, für den Augenblick.

à l'hôtel de la Belle-Étoile/de la Grande Ourse unter freiem Himmel, bei Mutter Natur (leben, nächtigen usw.).

à l'image de nach dem Vorbild von.

aliment de l'esprit Nahrung des Geistes; von Friedrich d. Gr. zitierter Ausdruck beim Bau der Königlichen Bibliothek zu Berlin, 1780 vollendet; die Formulierung geht zurück auf ein Werk von Abbé Terrasson, Amsterdam 1732. Die Bibliothek selbst erhielt dann die völlig unklassische Inschrift *nutrimentum spiritus.*

à l'improviste unversehens.

aller et retour hin und zurück.

aller planter ses choux »Kohl anpflanzen gehen«, d.h. sich aufs Land zurückziehen.

aller où le roi va à pied bezeichnet jedermanns Gang auf das stille Örtchen.

allez dire cela à vos pareils »sagen Sie das Ihresgleichen«, entspricht unserem: das können Sie Ihrer Großmutter erzählen.

allez vous promener! gehen Sie zum Teufel (wörtlich: spazieren).

allons donc! nicht möglich! das kann doch nicht wahr sein!

à l'occasion gelegentlich.

à l'œil auf Kredit, auf Pump (bis das Auge es wiedersieht).

à l'ongle on connaît le lion der Franzose erkennt »den Löwen an der Kralle«, so wie wir den Vogel an seinen Federn.

à l'ordinaire wie gewöhnlich.

à l'origine wörtlich: am Anfang, bedeutet immer: ursprünglich.

alouettes rôties sind die sprichwörtlichen »gebratenen Lerchen«, die in Analogie zu den gebratenen Tauben im »Schlaraffenland« des Hans Sachs herabfallen; sie werden schon 1547 in den »Navigations de Panurge« zitiert.

à lui le pompon! ihm (geben wir) die Ehre!

à l'user wenn man ihn trägt – gemeint ist der Kleiderstoff.

à merci nach Belieben.

à mesure de verhältnismäßig.

à midi sonnant Schlag zwölf Uhr (mittags).

à mon avis nach meiner Meinung; soviel ich weiß. *À mon humble avis* bedeutet: nach meiner völlig unmaßgeblichen Ansicht.

à mon égard was mich betrifft.

à mon goût nach meiner Ansicht, Meinung; »Geschmack« ist hier nicht ganz zutreffend.

à mon gré meiner Ansicht nach.

à mon insu ohne daß ich es weiß.

à mon sens meiner Ansicht nach (mehr gefühlsmäßig zu verstehen).

à mort! bringt ihn doch um! Weg mit dem Kerl!

amoureux de onze mille vierges »in elftausend Jungfrauen verliebt«, bezeichnet einen Schürzenjäger

l'ancien régime »das alte Regiment«, das französische Königtum vor 1789.

l'âne vêtu de la peau de lion der »mit Löwenhaut bekleidete Esel« bezeichnet einen Aufschneider, Prahlhans.

les ânes parlent latin die dümmsten Leute (Esel) wollen ganz gescheit sein, »Latein reden«.

à partir de là von da an.

l'apéritif kurz auch: *apéro*, das appetitanreizende Getränk vor der Mahlzeit; *l'heure de l'apéritif* ist üblicherweise von achtzehn bis neunzehn Uhr, also vor dem Abendessen.

à perpétuité auf immer, Lebenszeit.

un à peu près de dîner so etwas (Ähnliches) wie ein Mittagessen, also nichts Besonderes.

à peu près sûr so gut wie sicher.

à pic senkrecht, steil, aufstrebend.

à pleines voiles wörtlich: mit vollen Segeln, bedeutet: von ganzem Herzen.

à pleine gorge aus vollem Halse.

à plomb senkrecht; zur rechten Zeit; etwas mit *A-plomb* machen: mit sicherem Auftreten, mit Nachdruck. Im Ballet ist das Auffangen einer Bewegung unter *à-plomb* zu verstehen.

à plus forte raison um so mehr; geschweige denn.

à point nommé im richtigen Augenblick.

l'appétit vient en mangeant während des Essens kommt der Appetit, in der Bedeutung: je mehr man hat, desto mehr will man; Zitat aus »Gargantua und Pantagruel« von Rabelais (1483–1553).

à première vue auf den ersten Blick; sofort.

après coup hintennach, hinterher.

L'Après-midi d'un Faune gern zitierter Titel des Balletts »Nachmittag eines Fauns« von Claude Debussy, das durch Waclaw Nijinski in der Titelrolle (kreiert 1912) weltberühmt wurde.

après-ski nach dem Ski(fahren); bezeichnet sowohl die modisch-saloppe Kleidung wie auch den Unterhaltungsbetrieb an Wintersportorten.

après nous (moi) le déluge hinter uns (mir) die Sintflut! Der Ausruf soll von der Marquise de Pompadour (1720–1764) stammen; bedeutet: Leben wir lustig drauflos, was hinterher kommt, interessiert uns nicht.

à prix d'or unerschwinglich, sehr teuer.

à profusion im Überfluß.

à propos gelegen; wie gerufen; »da fällt mir ein ...«; hauptwörtlich gebraucht: der passende Augenblick.

à qui la carte? wer spielt (jetzt) aus?

à qui la faute? an wem liegt es (daß die Dinge so stehen)?

à qui de droit bei der zuständigen Stelle (eines Amtes, einer Behörde).

à quoi bon? fast wörtliche Entsprechung des lateinischen *cui bono,* also die Frage: Wem zum Nutzen, wofür ist das gut? In Ciceros »Philippica« als ein Wort des L. Cassius bezeichnet. Von da an in der Kriminalistik, besonders bei Mordfällen, die grundlegende Frage nach Motiv und Täterschaft.

arabesque nach »arabischer« Art, also in Form eines Pflanzenornaments. In der Ballettsprache Bezeichnung der Körperhaltung, bei der – im Gegensatz zur → *attitude* – das Arbeitsbein (Spielbein) gestreckt ist; die Arme gehen nach vorn, die Handflächen sind nach unten geöffnet.

Arc de Triomphe der Triumphbogen; Titel des weltbekannten, auch verfilmten Romans von Erich Maria Remarque; vgl. das gleichnamige Bauwerk in Paris.

à regret ungern.

l'argent mis au jeu der Spieleinsatz.

l'argent pour les menus plaisirs das Taschengeld.

arriver à Magnificat zu spät kommen: Magnifikat ist der Lobgesang Mariens, ein Teil auch des kirchlichen Stundengebets, welcher nach oder außerhalb der Messe gesungen wird.

Art déco Bezeichnung des Kunst(gewerbe)stils für die Zeit zwischen 1920 und 1940, neuerdings wieder sehr gefragt.

l'art pour l'art die Kunst für die Kunst bzw. »Kunst nur um der Kunst willen«. Ein um 1836 vom französischen Philosophen Victor Cousin geprägtes Schlagwort, wonach ein

Kunstwerk nur nach rein künstlerischen Qualitäten zu beurteilen sei und nicht auch nach dem Inhalt. Diese Auffassung findet sich in der deutschen Literatur zum Beispiel bei Stefan George (1868–1933) im ausschließlichen Streben nach Schönheit und vollendeter Formgebung; von da an führt ein Weg zum ästhetischen Nihilismus etwa eines Gottfried Benn: »Nichts, aber darüber Glasur!«

à sa manière auf seine Art.

à savoir das heißt; nämlich.

à ses heures (nur dann), wenn es ihm gefällt; vgl. seine Stunde hat noch nicht geschlagen.

à ses risques et périls auf seine Gefahr.

à son aise bedeutet a) es gemütlich haben, b) wohlhabend sein.

à tâtons aufs Geratewohl.

à tête reposée in aller Ruhe.

à tire-d'aile so schnell wie möglich.

à tort et à droit recht oder unrecht – so oder so (wobei das Französische das Unrecht voranstellt).

à tort ou à raison zu Recht oder zu Unrecht – ebenfalls französisch umgekehrt ausgedrückt.

à trois pas d'ici wörtlich: auf drei Schritte, also: einen Katzensprung von hier.

à tour de rôle der Reihe nach (je nachdem, welche Rolle man spielt).

à tous crins wild, leidenschaftlich; *le crin* ist die zerzauste Haarmähne, die »Mänaden-Frisur«.

à toute force um jeden Preis.

à tout hasard auf alle Fälle; »auf gut' Glück« wäre nicht ganz richtig.

à tout prendre im Grunde genommen; »nehmt alles nur in allem«.

à tout prix wörtlich: zu jedem Preis, bedeutet: auf alle Fälle, ganz bestimmt; der Gegensatz ist *à aucun prix:* um nichts in der Welt.

attitude wörtlich: Haltung; beim Ballett jene Körperfigur, in der der Tänzer auf einem Bein steht; das andere wird im 90-Grad-Winkel erhoben, im Knie gebogen, zurückgebracht, und zwar unter entsprechender Handhebung.

à tu et à toi auf du und du (stehen).

être au courant auf dem laufenden sein, »mitkommen« im Sinne des Erfassens von Vorgängen; *au courant* setzen, heißt informieren.

au delà du décor wörtlich: außerhalb der Dekoration, also: hinter den Kulissen.

au demeurant le meilleur fils du monde »im übrigen (aber ist er) der beste Kerl (wörtlich Sohn) der Welt«; Zitat nach einer poetischen Epistel des Clément Marot (1495–1544) über einen Spitzbuben, der alle Laster hatte, die man nur haben kann.

au fait eigentlich; der Sache nach.

au fond du fond im tiefsten Grunde.

au fort du combat in der Hitze des Gefechts.

au fur et à mesure nach Maßgabe, je nachdem; auch: nacheinander.

au flambeau de la critique im Lichte der Kritik, bei kritischer Betrachtung.

au jugé ungefähr; auf gut' Glück

au midi de südlich von ... *le midi* bezeichnet auch Südfrankreich.

au moment voulu im gewünschten Augenblick.

au naturel wörtlich: im Natürlichen (belassen); bezeichnet in der Gastronomie, daß etwas ohne künstliche Zusätze hergestellt worden ist.

à une portée de fusil auf Schußweite.

au pair wörtlich: auf gleich (stehen); d. h. freie Station haben bzw. eine Stellung gegen Kost und Wohnrecht bekleiden; *au pair*-Mädchen nehmen auf diese Weise Ferienjobs im Ausland an, auch zum Zwecke der Vervollkommnung in einer fremden Sprache.

au petit bonheur auf gut' Glück; wir wollen es eben riskieren.

au petit matin bei Tagesanbruch.

au pied de la lettre buchstäblich.

au pied levé in aller Eile.

au plus vite so schnell wie möglich.

au prix où est le beurre wörtlich: beim Preis, wo die Butter (jetzt) ist; »in Zeiten wie diesen«.

au saut du lit wörtlich: beim Sprung vom Bett, d.h. gleich nach dem Aufstehen.

au secours! zu Hilfe! Helfen Sie mir!

autant que possible soviel wie nur möglich.

l'autre jour neulich.

au voleur! haltet den Dieb!

aux frais de la princesse auf Staatskosten; auf Kosten der Firma, des Hauses.

aux prix de facture zum Selbstkostenpreis.

avant-garde wörtlich: Vorhut; *Avantgarde* bedeutet: Gesamtheit der Vorkämpfer für eine neue Idee in Kunst, Politik usw.

avant l'heure c'est pas l'heure, après l'heure, c'est plus l'heure zu früh ist nicht gut, zu spät ist noch schlimmer.

avant longtemps bald (wörtlich: vor langer Zeit.)

avec les yeux de la foi wörtlich: mit den Augen des Glaubens, d.h. blindlings, ohne zu verstehen.

avis au lecteur wörtlich: Ratschlag an den Leser; bedeutet: eine deutliche und ernstzunehmende Warnung.

avoir la poule au pot wohlhabend sein; → *Je veux que le dimanche* . . .

avoir la vache et le veau Kuh und Kalb haben; d.h. eine Frau mit Kind heiraten.

avoir le temps et l'argent Zeit und Geld haben, in der

Bedeutung »alles besitzen, was man sich nur denken kann«.

avoir l'œil américain mit dem ersten (hier: amerikanischen) Blick etwas wahrnehmen, erkennen.

avoir mal à la tête Kopfschmerzen haben.

avoir des visées électorales politische Pläne (wörtlich: Wahlziele) haben, in die Politik einsteigen wollen.

à voix basse leise, *la voix basse* ist allerdings eine tiefe Stimme.

à vol d'oiseau aus der Vogel(flug)perspektive; Luftlinie; in gerader Richtung.

à volonté nach Belieben.

à vos souhaits! auf Ihre Gesundheit! wohl bekomm's! (gebräuchlich beim Niesen).

à votre adresse wörtlich: an Ihre Anschrift; das geht Sie an! Sie sind (damit) gemeint.

à votre fantaisie ganz wie es Ihnen beliebt; nach Belieben.

à votre service zu Ihren Diensten; gerne.

à vous la balle Sie sind dran!

B

bagatelles que tout cela das sind doch nur Kleinigkeiten!

bal paré wörtlich: geschmückter Ball; veraltete Bezeichnung für ein besonders festliches Tanzereignis.

le baptême de la ligne die Äquatortaufe (auf Schiffen).

la barbe! *der* Bart! Im Sinne von: ist das aber fad; vgl. den Ausdruck: Dieser Witz hat einen Bart.

baron de mouton (oder: **d'agneau**) gastronisch: Hammel- oder Lammrücken.

bas bleu Blaustrumpf. Bezeichnet ein weibliches Wesen, das sich geistig bzw. politisch engagiert und dabei die natürliche Weiblichkeit vernachlässigt – etwa im Sinne der heutigen »Emanze«; allerdings ursprünglich kein französischer Ausdruck, sondern übersetzt nach dem *blue-stokking* des holländischen Admirals Boscawen, der von »Blaustrumpfgesellschaften« sprach: wo eben nur die geistige Einstellung, nicht aber die gesellschaftlich korrekte Kleidung gewertet wurde.

bas les mains wörtlich: runter die Hände; soviel wie: Hände weg! laß das!

Beau Brummel »der schöne Brummel« war der wohl bekannteste Dandy, den London je gekannt hat; allein durch den Schnitt seiner Kleidung beherrschte er eine ganze Generation; er gilt als der »Erfinder« gestreifter Halsbinden, die er unnachahmlich zu tragen verstand. Im übertragenen Sinne: jeder elegante Herr.

le bel air wörtlich: schöne Luft; bedeutet: der gute Ton.

Bel ami »Schöner Freund« ist der bekannte Titel der Novelle von Guy de Maupassant; vgl. das von Willi Forst kreierte Lied.

bel-esprit etwas veraltet und spöttisch für: Schöngeist, also jemanden, der immer geistreich tut und spricht.

bel étage bezeichnet jeweils den ersten Stock bzw. das Hauptgeschoß in Häusern, Schlössern und auch Hotels.

la belle affaire! diese »schöne Sache« bedeutet immer: Das ist doch nicht so wichtig; nicht identisch mit dem deutschen »Das ist eine schöne Geschichte«.

Belle-Alliance hat nichts mit »schöner Vereinigung«, etwa jener der militärischen Mächte gegen Napoléon zu tun; es ist der Name eines kleinen Dorfes in Brabant, zwanzig Kilometer südlich von Brüssel, und eine Bezeichnung für die Schlacht bei Waterloo, die von den Preußen gebraucht wurde.

La Belle au Bois dormant »Die Schöne im schlafenden Wald« ist der französische Titel des Balletts »Dornröschen« nach dem gleichnamigen Märchen von Charles Perrault; Musik von Peter Iljitsch Tschaikowsky (1890).

belle époque meint die Kulturepoche zu Beginn des 20. Jahrhunderts, also vor dem Ersten Weltkrieg; etwa vergleichbar der »Gründerzeit«.

La Belle et la Bête »Die Schöne und das Untier«, ein altes französisches Märchen, in etwa »Schneeweißchen und Rosenrot«, bekannt durch den gleichnamigen Film von Jean Cocteau mit Jean Marais.

la belle malice! da ist doch weiter nichts dabei!

la belle manière die übliche (altbekannte) Masche!

les belles dames sans merci diese »gnadenlosen Schönen« bezeichnen die »männermordenden« vampirhaften Frauengestalten aus Geschichte und Literatur, wie etwa Judith, Salome, Cleopatra, Messalina u.a.; ein Begriff, der aus der Romantik bis in den Symbolismus neuerer Zeit tradiert wurde.

une bibliothèque renversée diese »auf den Kopf gestellte Bibliothek« bezeichnet einen Wirrkopf, einen verrückten Menschen.

bien entendu wörtlich: wohl gehört; bedeutet immer: selbstverständlich, natürlich!

bien lancé gut im Zug, wohlgeordnet.

bien mérité recht so; . . . geschieht ihm recht!

bien obligé wörtlich: recht verbunden, bedeutet: vielen herzlichen Dank!

des bijoux en imitation Talmi, Schund; unechter Schmuck.

un billet de faire part eine schriftliche Anzeige: *faire part* heißt teilnehmen.

un billet de mille ein 1000-Francs-Schein.

blague à part! Scherz beiseite.

bleu mourant eigentlich: sterbendes Blau, also verwaschen-bläulicher Farbton; davon auch »blümerant« für ein schwindliges, flaues Gefühl.

blond hasardé bedeutet rötlich-blond à la Tizian.

les boches das bekannte Schimpfwort der Franzosen für die Deutschen.

La Bohème die Welt ungezwungenen Künstlerlebens; *bohémien* für »Künstler« meint ursprünglich den böhmischen Musikanten; vgl. auch die Oper von Puccini.

Bois de Boulogne der Bologneser Wald ist ein achthundertfünfzig Hektar großer Park englischen Stils westlich von Paris, meist nur *le bois* genannt.

bon an, mal an wörtlich: gutes Jahr, schlechtes Jahr; bedeutet: jahraus, jahrein.

bon à tirer wörtlich: gut zum Abziehen; bedeutet: gut zum Druck, druckfertig, entspricht dem lat. *imprimatur.*

bon comme du pain »gut wie Brot« bedeutet: herzensgut.

bon gré mal gré wohl oder übel.

le bonhomme bezeichnet einen gutmütigen, etwas einfältigen Menschen.

Bonjour tristesse! Guten Tag, Traurigkeit! Der bekannte Buchtitel des »Erstlings« von Françoise Sagan; Titel bleiben freilich besser unübersetzt, und gerade dieser ist zum Zitat geworden.

bon mot das »gute Wort« bedeutet: witziger Einfall, gut und knapp formuliert; genau treffende Redewendung.

bonne chance! viel Glück! guten Erfolg!

la bonne nouvelle ist die »Frohe Botschaft«, also das Evangelium.

une bonne poire die »gute Birne« meint einen sehr naiven Menschen.

le bon sens der gesunde Menschenverstand.

des bons moments glückliche Zeiten.

bonsoir la compagnie! guten Abend alle zusammen!

le bon ton die feine Sitte; Anstand, → *c'est le ton qui . . .*

bon vivant der »gut Lebende«, d.h. ein Lebemann, auch im Sinne von Lebenskünstler; am Theater ein eigenes Rollenfach.

bras dessus bras dessous Arm drüber, Arm drunter; gemeint ist: eingehängt, untergehakt (gehen).

la bredouille die Niederlage im Spiel; ein Mißerfolg; gewöhnlich zitiert als »in der Bredouille sein«.

bref kurzum, kurz gesagt.

briller par (son) absence »durch Abwesenheit glänzen« und damit erst recht auf sich aufmerksam machen; in der Tragödie »Tibère« von J. Chenier heißt es: *Brutus et Cassius brillaient par leur absence.*

brisons là! genug davon!

le bruit de diable dieser »Teufelslarm« ist die Umschreibung für das sog. Nonnensausen, ein mit dem Stethoskop wahrnehmbares Geräusch der Adern am Hals, besonders bei blutarmen Personen.

un bureau d'esprit ist kein Geisterbüro, sondern meint: eine Gesellschaft von Schöngeistern, gebildeten Leuten.

C

le cabinet noir dieses »schwarze Kabinett« ist eine von Ludwig XIV. eingeführte Zensurbehörde für politisch gefährlich erscheinende Korrespondenz.

ça dépend je nachdem; es kommt darauf an ...

ça fait deux das ist zweierlei.

café au lait Milchkaffee, im übertragenen Sinne: eine etwas unklare, undurchsichtige Sache.

café chantant kein »singendes Kaffeehaus«, sondern ein Vergnügungsétablissement mit Musik und Variété-Betrieb; vgl. »Die Mädis vom Chantant« in der »Czardasfürstin« von Emmerich Kálmán.

ça ira »es wird (schon) gehen« war ursprünglich (1776) die übliche Antwort auf die Frage nach der »Revolution« in Amerika. So kam das Wort in den Hymnus der Französischen Revolution, wo es im Refrain heißt: *Ah, ça ira! Les aristocrats à la lanterne!*

ça marche bien das klappt! das haut hin!

ça marche mal das geht schief!

les camelots du roi eigentlich sind *camelots* Marktschreier, Gassenverkäufer; Bezeichnung der jugendlichen Royalisten, die für das Königtum demonstrierten.

ça ne mord pas! das zieht nicht! *mordre* ist eigentlich beißen, stechen.

ça ne va pas mieux das ist die Höhe! das funktioniert ja gar nicht!

caran d'ache bedeutet eigentlich Zeichenstift; dieses französische Wort war in weiten Teilen Rußlands noch vor dem Ersten Weltkrieg für »Bleistift« gebräuchlich; *Caran d'ache* ist das Pseudonym des Karikaturisten Emanuel Poiré, geb. 1858 in Moskau, gest. 1909 in Paris, dessen Stärke die Tierzeichnung war.

ça roule es geht (steht) gut; alles wunderbar!

carte blanche (Blanko)-Vollmacht.

les cartes passent beim → *chemin-de-fer* das Angebot des Croupiers an die Spieler, die Karten selbst nachzumischen.

casseur d'assiettes als »Tellerzerbrecher« bezeichnet man einen Querulanten, einen »Streithansel«.

ça tape dur ici hier geht es rund.

une cause célèbre (hoch)berühmter (Vor-, Rechts)Fall; oft auch ironisch für eine unnötig hochgespielte Angelegenheit.

ça va es geht; auch als Antwort auf die Frage nach dem Wohlbefinden.

ça va sans dire → *cela va . . .*

ça vaut mieux das ist (viel) besser (wörtlich: mehr wert).

ça y est so geht das; so ist das (eben).

ce compliment est à votre adresse dieses Kompliment gilt Ihnen, ist für Sie gedacht.

cela date du déluge das ist schon sehr lange her (*déluge* ist die Sintflut).

cela est beau sur le papier das liest sich gut, hört sich gut an – steht aber leider nur auf dem Papier.

cela est hors de cause das kommt nicht in Frage.

cela est son invention das ist gelogen, als höfliche Umschreibung mit »seine Erfindung«.

cela étant wenn dem so ist . . .

cela fait gros cœur das macht (mir) Kummer; das »dicke Herz« drückt die Belastung sehr handfest aus.

cela fait l'image d'Épinal das ist sehr grell; in starken Farben gemalt; Épinal, Hauptstadt des Departements Vosges, im Ersten Weltkrieg stark umkämpft, ist bekannt für die Erzeugung bunter Keramiken.

cela fait riche das stinkt/riecht nach »neureich«.

cela fait son éloge das spricht für ihn; vgl. jemandes »Ruhm singen«, also eine Eloge auf ihn dichten.

cela fera du bruit dans Landerneau Wendung aus dem Lustspiel »Les Héritiers« (1796) von Alexandre Duval; bedeutet: viel Lärm um nichts; → *Landerneau.*

cela m'a échappé das ist mir entgangen.

cela me suffit genug davon! das genügt!

cela me surpasse da bin ich überfragt; vgl. das übersteigt meine Kenntnisse.

cela ne se fait pas das (so etwas) tut man nicht!

cela passe le jeu das ist zuviel! das ist nicht mehr lustig!

cela passe ma portée das geht über meinen Horizont.

cela se passera das wird nicht immer so bleiben, geht vorüber.

cela revient à dire mit anderen Worten.

cela rime comme hallebarde et miséricorde wörtlich: reimt sich wie *barde* auf *corde,* im Sinne von: das paßt wie die Faust aufs Auge.

cela s'acquiert peu à peu das kommt mit der Zeit.

cela se peut . . . es kann sein, daß . . .

cela s'est fait comme par l'opération du Saint-Esprit das ist eine mysteriöse (höchst merkwürdige) Sache.

cela se voit tous les jours das kommt jeden Tag vor (ist also nichts Besonderes).

cela s'impose das ist indiskutabel (verbietet sich von selbst).

cela soit dit en passant nebenbei erwähnt.

Céladon bezeichnet einen schmachtenden Liebhaber; nach dem Roman »Astrée« von Honoré d'Urfé (1567–1625).

cela va sans dire das ist selbstverständlich; darüber braucht man nicht zu reden.

cela vient comme mars en carême das kommt ganz bestimmt (wörtlich: wie der März in der Fastenzeit).

cela vient en second das ist zweitrangig.

célestines de volaille sind gastronomisch kleine »himmlische« Geflügeltörtchen.

ce n'est pas la fleur de pois das ist nichts Besonderes (wörtlich: ist nicht einmal die Blüte der Erbse).

ce n'est pas la peine das lohnt sich nicht; nicht der Mühe wert.

ce n'est pas pour la galerie das ist nicht der Leute wegen.

ce n'est pas un saint de mon calendrier der zählt (wirklich) nicht zu meinen Freunden!

ce n'est pas viande prête das kann sich noch in die Länge ziehen; *viande prête* ist zum Kochen vorbereitetes Fleisch.

ce n'est rien, c'est mon maître Es ist nichts, es ist (nur) mein Herr – als Ausdruck der Menschenverachtung einem Tier in den Mund gelegt in dem Werk »Le crime de Sylvestre Monnard« von Anatole France.

ce n'est que das ist nur ...

c'en est trop! das geht zu weit!

les Cent-jours Diese hundert Tage bezeichnen das »Zwischenreich« von 1815, was allerdings nicht ganz korrekt ist: Ludwig XVIII. war zwischen dem 19. 3. und dem 8. 7. dieses Jahres nicht in Paris. In der Begrüßungsrede bei seinem Wiedereinzug wurden diese »hundert« Tage genannt. Was Napoleon betrifft, so dauerten seine hundert Tage vom 1. 3. 1815 (Rückkehr aus Elba) bis 18. 6. 1815 (Waterloo bzw. Absetzung).

un cerveau brûlé »ein verbranntes Gehirn«, also ein überspannter, sich nicht normal verhaltender Mensch.

ce sont balles perdues das ist verlorene Mühe!

c'est + Nominativ heißt immer: das ist ..., da ist ...

c'est à dire das heißt (mit darauf folgender Erklärung).

c'est à dormir debout das ist sterbenslangweilig (wörtlich; dabei kann man stehend einschlafen).

c'est à prendre et à laisser man kann es tun oder lassen; wenn Sie nicht wollen, lassen Sie es bleiben!

c'est à savoir das ist fraglich.

c'est bien de lui das sieht ihm ähnlich.

c'est bien dit! abgemacht! Topp! In Ordnung!

c'est beaucoup dire das will viel sagen.

c'est bonne marque das ist ein gutes Zeichen.

c'est bon pour une fois für einmal mag es hingehen . . .

c'est chou vert et vert chou das ist Jacke wie Hose (*chou vert* ist grüner Kohl).

c'est comme la pomme wörtlich: wie der Apfel, d. h. es ist ausgezeichnet, prima.

c'est de la petite bière das sind Kleinigkeiten, kleine Fische.

c'est de l'hébreu pour moi das verstehe ich nicht (ist für mich hebräisch).

c'est de l'iroquois das ist eine unverständliche Sprache (Irokesisch).

c'est de la littérature da steckt nichts dahinter!

c'est du dernier bourgeois das ist durch und durch bürgerlich (spießbürgerlich).

c'est du flan das ist doch Unsinn! das ist herrlich!

c'est du fruit nouveau das ist (ganz) was Neues!

c'est du haut allemand pour moi wörtlich: Hochdeutsch für mich, im Sinn unseres: Das kommt mir spanisch vor . . .

c'est du latin das ist wirres Zeug.

c'est du luxe das ist überflüssig.

c'est du tout cuit das ist sehr einfach; ein gefundenes Fressen (*tout cuit* eigentlich: ganz gebraten und gekocht).

c'est fort de café das ist starker Tobak! (hier wörtlich Kaffee).

c'est jus vert et verjus das ist gehüpft wie gesprungen, das kommt auf dasselbe heraus: *verjus* ist der unreife Traubensaft.

c'est kif-kif das ist ganz einerlei! Egal!

c'est le jour et la nuit sie sind wie Tag und Nacht, also: völlig verschieden.

c'est la mer à boire das nimmt und nimmt kein Ende.

c'est la moindre de ses inquiétudes das läßt ihn kalt, das regt ihn am wenigsten auf (wörtlich: die geringste seiner Sorgen).

c'est la moutarde après dîner das kommt nun wirklich zu spät (wörtlich: der Senf nach dem Essen).

c'est la robe qu'on salue man sieht auf das Kleid, nicht auf den Menschen; vgl. Kleider machen Leute.

c'est le bouquet! das ist die Höhe! So eine Frechheit!

c'est le cas ou jamais jetzt oder nie.

c'est le comble! das ist die Höhe! unerhört!

c'est le diable à confesser es ist nichts (aus ihm) herauszubringen; wörtlich: als würde der Teufel beichten.

c'est le grand chemin des vaches das ist nichts Neues! wörtlich: ausgetretene Kuhpfade!

c'est le lapin qui a commencé »Das Karnickel hat angefangen« stammt aus der Verserzählung von Heinrich Lami (1787–1849) über »Eigennützige Dienstfertigkeit«, wo ein Rechtsstreit dadurch entschieden werden soll, daß die Schuld dem unschuldigen Tiere zugeschoben wird.

c'est le malin des malins er ist der pfiffigste Mensch (den ich jemals gekannt habe).

c'est le même tabac immer die alte Leier!

c'est le moment ou jamais jetzt oder nie; das ist die beste Zeit!

c'est le secret de la comédie das weiß doch heute jedes Kind.

c'est le ton qui fait la chanson Der Ton macht die Musik; enthält ein Wortspiel: französisch *ton* heißt auch Stil, Lebensart, Redeweise im allgemeinen.

c'est l'ongle du lion das verrät den Meister (wörtlich: die Kralle des Löwen).

c'est midi sonné zu spät! vergebens!

c'est moins que rien wörtlich: weniger als nichts, d.i. es hat wenig Bedeutung, braucht man nicht zu beachten.

c'est monnaie courante wörtlich: in Umlauf befindliches Geld, also: das ist gang und gäbe.

c'est mort das ist erledigt (wörtlich: gestorben).

c'est nouveau jeu! das ist (aber) eine ganz neue Art!

c'est plus qu'un crime c'est une faute mehr als ein Verbrechen, nämlich ein Fehler! So sagte angeblich Joseph Fouché – es kann auch Talleyrand gewesen sein – über die Hinrichtung des Duc d'Enghien, welche Konsul Bonaparte, damals noch nicht Kaiser Napoléon I., befohlen hatte.

c'est pour votre gouverne dies diene Ihnen als Richtschnur; daran mögen Sie sich bitte halten.

c'est son jeu das dient seinen Interessen.

c'est toujours à recommencer damit wird man nicht/nie fertig.

c'est tout vu es bleibt dabei!

c'est un amour das ist etwas Süßes! so etwas Köstliches!

c'est un amour d'enfant das ist ein allerliebstes Kind!

c'est un almanach de l'an passé das ist vorbei; es nützt nichts mehr.

c'est une histoire! das ist eine (lange) Geschichte . . .

c'est une plume à son chapeau wörtlich: eine Feder auf seinem Hut; d.h. es schmeichelt seiner Eitelkeit.

c'est un fin Normand der ist schlau, gerissen.

c'est un marché donné wörtlich: ein verschenkter Markt, d.h. das ist wirklich billig, das ist geschenkt!

c'est un massacre! das ist Pfusch(arbeit).

c'est une mer sans fond et sans rivage wörtlich: ein Meer ohne Grund und Ufer, d.h. das geht über den menschlichen Verstand.

c'est un meurtre! es ist eine Sünde, ein Jammer.

c'est un monde! das ist enorm (nämlich so groß wie die Welt).

c'est un vrai Gascon »ein wahrer Gascogner« bedeutet: arger Aufschneider, Angeber.

c'est un zéro! der Mensch ist eine wahre Null!

c'est votre tour! Sie sind jetzt dran, an der Reihe.

c'est vrai, c'est mensonge das soll wahr sein; was soll ich glauben?

ceux qui n'ont point d'affaires s'en font wer keine Sorgen hat, der macht sich welche; *les affaires* sind eigentlich Geschäfte.

chacun à son goût oftmals auch als *à chacun son goût* zitiert; jeder nach seinem Geschmack, also wie es ihm beliebt. Erinnert sei hier an das bekannte Lied »Das ist bei uns so Sitte«, »*chacun à son goût*« (Ball bei Orlowsky) aus der »Fledermaus« von Johann Strauß.

chacun à son tour einer nach dem anderen; hübsch der Reihe nach.

chacun avec sa chacune jeder mit der Seinen (gemeint ist die Gemahlin oder Freundin).

la chambre séparée das »separierte Zimmer« bezeichnet einen kleinen Nebenraum für ungestörte Zusammenkünfte, meist in einschlägigen Etablissements.

les Champs Elysées Die »Elysischen Gefilde« gaben der 1800 Meter langen Prachtstraße im westlichen Stadtteil von Paris ihren Namen; sie befindet sich zwischen Place de la Concorde und Place d'Etoile (auch: Place Charles de Gaulle) mit dem → *Arc de Triomphe;* dort auch der Amtssitz des französischen Staatspräsidenten, der Elysée-Palast.

changeons la musique! reden wir doch von etwas anderem!

chansons que tout cela! alles nur dummes Gerede!

chant du cygne dieser »Schwanengesang« bedeutet das Ende, das Aus

chapeau bas! Hut ab!

chapeau claque der sog. Klapp-Zylinder in der Herrenmode.

le charme est rompu wörtlich: der Zauber ist gebrochen, zerstört; bedeutet: Alle Illusionen sind verflogen.

chassez le naturel, il revient au galop »Vertreibt das Natürliche, es kommt im Galopp zurück«, zitiert in der Komödie »Le Glorieux« von Destouches (1680–1758), vgl. *Epoden* des Horaz (1, 10, 24: ... *naturam expellas* ...).

chassez-le par la porte, il rentrera par la fenêtre wenn man ihn bei der Tür hinauswirft, kommt er beim Fenster wieder herein; auf lästige Menschen anzuwenden.

un château de cartes Kartenhaus oder Luftschloß.

un chef-d'œuvre Meisterwerk, seltener: Hauptwerk eines Künstlers.

chef de rang in der Hotellerie soviel wie: Oberkellner, Empfangschef.

chemin de fer eigentlich Eisenbahn; französisches Kartenglücksspiel, besser bekannt unter *Bakkarat.*

le chemin-des-Dames dieser »Damenweg« befindet sich im heutigen Departement Aisne, wo er auf zwanzig Kilometern Länge verschiedenene Höhenzüge überquert; angeblich 1770 für die Töchter Ludwigs XV. angelegt, im Ersten Weltkrieg stark umkämpft.

cherchez (la) femme meist falsch verstanden als »suchen Sie sich eine Frau«; richtige Bedeutung: Man sehe nach, ob nicht eine Frau dahinter steckt. In einem Roman von Samuel Richardson steht: *Such a plot must have a woman in it.* Und in den Satiren Juvenals lesen wir: *Nulla fere causa est in qua non femina litem moverit.*

chevalier sans peur et sans reproche »Ritter ohne Furcht und Tadel« war der Beiname des »gentil Seigneur« de Bayard († 1514) in dem 1527 erschienenen Ritterroman.

chez nous (moi, toi) bei uns (mir, dir) zu Hause bedeutet:

in unserer (meiner, deiner) Wohnung; ganz *chez-nous* sein: sich ungezwungen benehmen.

chiche! wörtlich: knapp, knausrig; der Ausruf bedeutet: wetten, daß ...? was gilt die Wette?

les choses en sont là so weit ist es gekommen.

les choses ne sont pas entières die Sachlage hat sich geändert.

des choses vues wörtlich: gesehene Sachen; gemeint sind die »Dinge des Lebens«, die Realitäten – ein Begriff, der im Zusammenhang mit dem schriftstellerischen Werk von Victor Hugo auftauchte.

Chronique scandaleuse »Skandalchronik« ist der 1611 durch einen Buchhändler geprägte Titel einer historischen Schrift über Ludwig XI., Jean de Troyes zugeschrieben, offenbar aber von Denis Hesselin verfaßt. Der ursprüngliche Titel lautete, entsprechend dem harmlosen Inhalt: Chronik des allerchristlichsten und siegreichen Ludwig von Valois, des Elften seines Namens ...

les cinq lettres die »fünf Buchstaben« sind die Umschreibung für das Schimpfwort *merde*.

circulez! weitergehen – nicht stehenbleiben!

cité des lumières «Lichterstadt« ist eine Bezeichnung für Paris.

clair et net nach Abzug aller Spesen

clair et liquide verfügbar (von finanziellen Mitteln).

clair-obscur das »Chiaroscuro« in Malerei und Graphik, bei welchem die Umrisse und das Kolorit hinter die (weichen) Gegensätze von Licht und Schatten treten; die Formen im Schatten werden mit Absicht undeutlich gehalten. Berühmtester Vertreter dieser Technik des »mysteriösen Helldunkels« ist wohl Rembrandt (1606–1699).

le cliquetis de mots das Wortgeklingel, eine wirklich lautmalende Bezeichnung.

le cœur a ses raisons que la raison ne connaît pas das Herz hat seine Gründe, die der Verstand nicht kennt; aus den berühmten → *Pensées* (Gedanken) *sur la religion* des Blaise Pascal (Art. XVI, 3).

cœur d'artichaut, (une) feuille pour tout le monde dieses »Artischockenherz« verschenkt leichtfertig – wie die Blättchen abgehen – Freundschaft und Liebe.

le cœur me manque mir ist ganz schwach (ums Herz); ich sinke!

un cœur tout neuf einer, der noch nie geliebt hat.

Code Napoléon identisch mit dem »Code civil«, dem 1804 in Kraft getretenen Bürgerlichen Gesetzbuch der Franzosen, durch zahlreiche Nachträge den Bedürfnissen der damaligen Zeit angepaßt; galt als so vorbildlich, daß er auch von anderen Ländern übernommen oder wenigstens nachgeahmt wurde.

coiffer Sainte Cathérine bedeutet: sitzenbleiben, ein spätes Mädchen sein; im Mittelalter war es Aufgabe junger Mädchen bis etwa fünfundzwanzig, die Statue der heiligen Katharina zu schmücken.

le collier de misère dieses »Elendshalsband« bedeutet: saure Arbeit, Schinderei und Plackerei.

la comédie au public ein öffentliches Ärgernis.

la Comédie-Française das »Burgtheater« von Paris; 1680 gegründet als Pflegestätte für das klassisch-französische Drama (Racine, Corneille, Molière u.a.).

La comédie humaine »Die Menschliche Komödie« wurde zum Übertitel des Romanwerkes von Honoré de Balzac (1799–1850).

comme ci comme ça so, so ... so lala!

comme de juste wie es sich gehört.

comme il faut wörtlich: wie es sein muß, d.i.: wie es sich gehört, also musterhaft; *Comme-il-faut*-Sein bedeutet: sich richtig verhalten.

comme Job sur son fumier ohne Mittel, bettelarm; *fumier* ist der Misthaufen, auf dem Hiob zuletzt angekommen war.

comme d'habitude wie gewöhnlich, wie immer.

le commencement de la fin »Das ist der Anfang vom Ende«, der in bezug auf die → *Cent-jours* üblicherweise Talleyrand zugeschrieben wird; stammt aus Shakespeares »Sommernachtstraum« 5, 1: *That is the true beginning of our end,* sagt der Prologus-Spieler.

comment allez-vous? wie geht es Ihnen?

comment cela? wieso (das)?

comme les deux doigts de la même main wie zwei Finger einer Hand, bedeutet: ein Herz und eine Seele (sein).

comme une fleur kinderleicht, wörtlich: wie eine Blume/Blüte.

comme un seul homme wie ein Mann, also einstimmig.

comme un sou mindestens.

commis voyageur früher für: Handlungsreisender, Vertreter; *commis* allein: Verkäufer, auch: Schreiber.

complètement noir veilchenblau, sternhagelvoll.

concours hippique Reitwettbewerb, Reit- und Fahrturnier; die Abkürzung C. H. I. O. bedeutet *Concours Hippique International Officiel.*

un conférencier rasant ironisch für: so ein fader Redner!

le congrès ne marche pas (il danse) Spottwort des österreichischen Feldmarschalls Karl Joseph Fürst de Ligne (genannt »der rosenrote Prinz«, † Dezember 1814) über den Wiener Kongreß, der erst im September des Todesjahres des Fürsten begonnen hatte und bis Juni 1815 dauerte. Es wurde in der Tat viel getanzt und viel intrigiert.

consommé (oder: **potage) judic** eine Suppe mit Lattich, Hühnerfleisch und Pilzen.

contes de bonnes femmes Altweibergeschichten; abschätzig gemeint.

à contre-cœur mit Widerwillen, ungern.

la convoitise est la racine de tous les maux Der Neid/Geiz ist die Wurzel aller Übel; zum Sprichwort geworden nach dem ersten Brief des Apostels Paulus an Timotheus. Die altfranzösische Fassung ist mit *convoitise est racine de toz mals* überliefert.

cordonnier, mêlez-vous de votre pantoufle entspricht dem deutschen »Schuster, bleib bei deinen Leisten«, wörtlich: kümm're dich um deinen Pantoffel.

la Corniche, im besonderen als **Grand Corniche, Moyenne Corniche** bezeichnet, ist die wegen ihres landschaftlichen Reizes – sie verläuft zwischen Meer und Gebirgsabhängen – hochberühmte Straße zwischen Nizza (entlang der Riviera Ponente) und Genua; schon die Römer haben sie gekannt, benutzt und ausgebaut; *corniche* ist eigentlich der Gesimskranz einer Säule.

corriger la fortune das Glück verbessern, d.h. falsch spielen; das Zitat findet sich auch in Lessings »Minna von Barnhelm« 4. 2, geht jedoch zurück auf »Adelphi« des römischen Lustspieldichters Terenz. Dort lesen wir: *illud quod cededit forte in arte ut corrigas.*

corps de ballet die Gesamtheit der Mitglieder einer Ballett-Truppe (Compagnie), abgesehen von den Solisten.

corps diplomatique die Gesamtheit der in einem Staat akkreditierten Vertreter ausländischer Regierungen; deren Fahrzeuge und Gepäck mit der Abkürzung »CD« bezeichnet. Daneben das *corps consulaire* mit der Abkürzung »CC«.

corps de logis Haupttrakt eines Schlosses/Palastes mit den Wohnräumen des Besitzers.

Côte d'Azur die französische Riviera, wörtlich: blaue Küste.

coudre la peau de renard à celle du lion wörtlich: das Fuchsfell an das des Löwen nähen, bedeutet: List mit Gewalt verbinden.

une couleur mourante eine blasse, »sterbende« Farbe.

un coup de foudre wörtlich: Blitzschlag, d.i. unvermutetes Ereignis, Überraschung.

un coup de fusil hat nichts mit Schießen zu tun; bedeutet: eine ziemlich hohe Rechnung, Zeche.

le coup de grâce der Gnadenstoß.

un coup de griffe eine verletzende Bemerkung.

un coup de main ein Handstreich, Überfall.

coup de pied eigentlich Fußtritt; in der Ballettsprache der genügend durchgebogene Rist des Tänzers, der ihm die Standfestigkeit für Spitze oder Halbspitze verleiht.

le coup de théâtre die plötzliche Wendung, wie sie im Drama eintritt; man vergleiche etwa *deus ex machina* im Lateinischen.

un coup d'œil ein rascher Blick, Augenaufschlag; der Standpunkt, von dem aus man etwas betrachtet.

la cour du roi Pétaud der »Hof des Königs Petaud« (eig. »Polnischer Reichstag«) ist ein Ort, wo alles drunter und drüber geht, wo alle durcheinanderreden und ein jeder das Sagen haben will.

la course contre la montre a) Wettrennen mit der Zeit, b) das Zeitfahren im Sport.

la crème (de la crème) die gehobene Gesellschaftsklasse, die »Oberen Zehntausend«; übertragen auch: etwas Besonderes.

la crème n'y est plus »der Lack ist ab«, das ist schon ein alter Hut, nichts Besonderes mehr.

crêpe de Chine in der Mode ein feines, kreppartiges Seidengewebe.

crêpe georgette ein zartes durchsichtiges Gewebe aus Kreppgarn.

Crêpe Suzette mit Likör flambierter hochfeiner Pfannkuchen, die der Erfinder, ein Pariser Koch, nach seiner Liebsten benannt hat.

cri de douleur dieser »Schmerzensschrei«, ein geflügeltes Wort nach Camillo Graf Cavour (1810–1861), dem »italienischen Bismarck«; angewendet auf dem Friedenskongreß von 1856 in Paris als Beschwerde über Österreich, das auf Italien starken Druck ausübte.

le crime de haute trahison der Hochverrat.

la croix et la bannière viele Umstände, viel Drumherum.

croyez cela et buvez de l'eau wörtlich: glauben Sie das und trinken Sie Wasser, im Sinne von »wer's glaubt, wird selig«.

cul de Paris *cul* heißt eigentlich der Steiß, der Hintern. Es handelt sich um eine Art Polster unter dem Rückenteil des Frauenkleides, einen Wulst zum Aufbauschen der Röcke; auch »Turnüre« genannt; in Mode zur Zeit des → *Directoire* und dann wieder in den Jahren um 1870.

D

d'accord! einverstanden! ja!

un dada ein Steckenpferd.

La Dame à la Licorne Das gleichnamige Ballett »Die Dame und das Einhorn« (1953), Idee und Gestaltung von Jean Cocteau, wurde angeregt durch die berühmten Tapisserien von Cluny, die sogenannten Einhorn-Teppiche. Der Sage nach nimmt das Einhorn nur von einer Jungfrau Nahrung an; als es merkt, daß das Mädchen einen Menschen liebt, muß es sterben.

les dames de la Halle meint die Budenverkäuferinnen in den berühmten Pariser »Halles«.

dans cet état de choses so wie die Dinge jetzt liegen.

danse macabre bedeutet »Totentanz« aus lat. *chorea Machabaeorum;* Name für die seit dem 14. Jahrhundert in Europa entstandenen Bildwerke und Dichtungen, die in Allegorien die Macht des Todes über die Menschheit veranschaulichen.

dans des grandes largeurs voll und ganz; ganz und gar.

danser sur un volcan eigentlich ausgesprochen als: Wir tanzen auf einem Vulkan; prophetisches Wort des französischen Gesandten Salvandy in Neapel am 5. 6. 1830 auf einem Ball, den Louis Philippe für den König von Neapel gab – der Sturz der Bourbonen stand unmittelbar bevor!

danseur noble bezeichnet in besonderer Weise den ersten Solisten einer Ballettkompagnie, der in den klassischen und romantischen Balletten vorzugsweise Prinzen und Liebhaber verkörpert.

dans la minute augenblicklich.

dans la purée im Unglück sein, in der Tinte (sitzen).

dans la sauce siehe oben.

dans le fond im Grunde, eigentlich.

dans le particulier im Privatleben; »im besonderen« ist nicht ganz richtig.
dans le lit aux pois verts wörtlich: im Bett der grünen Erbsen, das heißt bei Mutter Grün, am Busen der Natur.
dans sa tour d'ivoire Künstlern und Intellektuellen wird oft nachgesagt, sie säßen in einem »elfenbeinernen Turm«; Sainte-Beuve hatte das Wort erstmals angewendet auf Alfred de Vigny.
dans une certaine mesure bis zu einem gewissen Grad.
dans une position intéressante in anderen Umständen, schwanger.
de bon aloi gediegen, von echtem Schrot und Korn.
de bond ou de volée ganz gleich wie.
de bonne heure frühmorgens, also »zu guter Stunde«.
de but en blanc geradeheraus.
de çà et de là hierhin und dorthin.
un de ces (quatre) matins eines schönen Morgens . . .
le déclin de la vie der Lebensabend, eigentlich Abstieg, Neigung.
de fil en aiguille wörtlich: vom Faden zur Nadel, das heißt von einem Ding zum anderen.
de fond en comble von unten bis oben, vom Grunde auf.
de gaîté de cœur hat nichts mit »Fröhlichkeit« zu tun, bedeutet mutwillig.
de grâce! um Gotteswillen!
de gré ou de force freiwillig oder gezwungen.
de haute lutte mit Gewalt.
de haut goût ziemlich scharf gewürzt.
déjà vu wörtlich: schon gesehen, also: alter Hut! nichts Neues!
de la bonne sorte ordentlich, gehörig.
de la même farine vom gleichen Schlag; *farine* heißt Mehl.
de l'ancienne marque von altem Schrot und Korn.
de loin en loin hin und wieder, von Zeit zu Zeit.

de longue date seit langer Zeit.
de mal à propos ungelegen, unpassend.
de mal en pis immer schlimmer, wörtlich: zum Schlechteren.
de mauvaise foi unehrlich.
de meilleure heure wörtlich: zu besserer Stunde, bedeutet: früher.
de ménage hausgemacht.
demi-glace eine Art Gefrorenes aus Schlagsahne mit Vanille- oder Schokoladengeschmack.
de mille manières auf tausendfache/-fältige Art und Weise.
le demi-monde »Halbwelt« (1855) ist der Titel eines Romans von Alexandre Dumas (*fils,* 1842–1895).
demi-mots sind Andeutungen, Anzüglichkeiten.
demi-vierge Halb-Jungfrau; bezeichnet ein junges Mädchen, das schon erotische Erfahrungen gemacht hat; nach dem Roman »Les demi-vierges« von Marcel Prévost (1894).
de par le Roi Formel: Im Namen des Königs!
de pied ferme wörtlich: festen Fußes, bedeutet: ohne Furcht.
de plain-pied zu ebener Erde.
de préférence vorzugsweise.
de propos en propos wie eines das andere ergibt.
depuis que le monde est monde solange die Welt steht.
de rien! keine Ursache! aber bitte sehr!
le dernier cri wörtlich: der letzte Schrei, bedeutet: die neueste Mode.
dernières volontés Letzter Wille, Testament.
da sa propre main eigenhändig.
dès la mamelle seit frühester Kindheit; *mamelle* ist die Mutterbrust.
dès l'origine von Anfang an.

les dessous d'une affaire Hintergründe einer Angelegenheit; *les dessous* bezeichnen normalerweise die Unterwäsche.

le dessus du panier das Beste, das Schönste; auch: die oberen Zehntausend.

de temps à autre von Zeit zu Zeit.

de toute beauté von auffallender Schönheit.

de toute façon auf jeden Fall.

de tout point völlig, vollständig, in allen Belangen.

deux chiens après un os zwei, die hinter ein und derselben Sache her sind, nämlich wie Hunde hinter einem Knochen.

deux fois par jour zweimal täglich.

Deuxième Bureau das »zweite Büro« ist eine Abteilung der Pariser »Sûreté«, der Sicherheitspolizei, als *deuxième bureau* wird umgangssprachlich auch die »Hausfreundin« bezeichnet.

le deuxième sexe »das zweite Geschlecht« meint die Frauen; nach dem Roman von Simone de Beauvoir, der Lebensgefährtin von Jean-Paul Sartre, deutscher Titel: »Das andere Geschlecht. Eine Deutung der Frau«.

deux pièces ist der »Zweiteiler« der Damenmode, das Kleid aus zwei Teilen.

deux têtes sous un bonnet zwei Köpfe unter einem Häubchen, also zwei, die unter einer Decke stecken.

la devantière ein vorne und hinten geschlitzter Damenrock, für das Reiten erfunden.

de vive voix mündlich.

de vous à moi unter uns (gesagt).

d'heureuse mémoire seligen Angedenkens.

le diable et ses cornes wörtlich: der Teufel und seine Hörner; meint eine schwierige, verzwickte Sache.

le diable y perd son latin selbst der Teufel weiß hier nicht weiter, wörtlich: verliert sein Latein.

un diamant sous le marteau fest und standhaft, wie ein Diamant unterm Hammer.

Dictionnaire de la Langue verte Wörterbuch der (französischen) Umgangssprache, herausgegeben von Delveau 1866.

Dieu bat ses matelats es schneit, wörtlich: der liebe Gott klopft seine Matratzen aus.

Dieu et mon droit Gott und mein Recht. Der Wahlspruch der englischen Krone. Bis Ende des 12. Jahrhunderts waren die englischen Könige Herzöge der Normandie, d.h. die Plantagenets beherrschten von 1154–1399 praktisch ein Drittel Frankreichs, was sich durch die Häuser York und Lancaster noch bis 1485 fortsetzte.

Dieu le veuille! wolle es Gott!

Dieu m'en garde! Gott behüte (mich)!

les dieux de la fable die heidnischen Götter (der Antike).

un dîner à grand tralala ein fürstliches Essen.

un dîner prié Essen, zu dem eine Einladung ergangen ist.

le Directoire in der französischen bildenden Kunst und Mode herrschender Stil zur Zeit des »Direktoriums«, der obersten Regierungsbehörde der Französischen Revolution 1795–1799, mit Bevorzugung klassischer Formgebung, eine Art Überleitung zum Empire.

dire les mots et les paroles die Dinge beim Namen nennen, also »Wörter und Sätze« sagen

(se) dire les sept péchés mortels wörtlich: die sieben Todsünden hersagen, d.h. alles erdenklich Böse nachsagen; gröbste Beleidigungen an den Kopf werfen.

dis donc! sag doch! sprich endlich!

un diseur de patenôtres ein Heuchler, abgeleitet von *Pater noster,* Vaterunser.

dis moi ce que tu manges, je te dirai ce que tu es ist der 4. Aphorismus des Brillat-Savarin (1756–1826) in seiner »Physiologie des Geschmacks«, erschienen 1825; vgl. unser »Sage mir, mit wem du umgehst, und ich sage dir, wer du bist.«

disputer de la chape à l'évêque um etwas streiten, das nicht erreichbar ist; Anspielungen auf die später verbotene mittelalterliche Sitte, den Chormantel eines verstorbenen Bischofs unter den Gläubigen aufzuteilen.

dit par plaisanterie nicht ernsthaft gesagt, gemeint.

une dixième muse als »zehnte Muse« bezeichnet man eine bedeutende Dichterin; Sappho wurde so genannt. Übertragen auch: Varieté, Kino.

Dixhuitième das oder im: bedeutet im 18. Jahrhundert, in dem Frankreich in Literatur und bildender Kunst großen Einfluß auf das übrige Europa ausübte.

docteur ès lettres Dr. phil. (der Literaturwissenschaft).

docteur ès sciences Doktor der Naturwissenschaft.

donner une chandelle à Dieu et au diable wörtlich: für Gott und den Teufel eine Kerze spenden, d.h. es mit beiden Parteien halten.

le dos au mur hartnäckig, stur, unnachgiebig; wörtlich: Rücken zur Wand.

la douceur de vivre diese französische Form von »dolce vita« wird Talleyrand zugeschrieben.

la drôle de guerre dieser »komische Krieg« meint den Herbst 1939.

du blanc au noir von einem Extrem ins andere.

du matin au soir von früh bis spät.

du meilleur de l'âme aus ganzer Seele, von ganzem Herzen.

du premier janvier à la Saint-Sylvestre das ganze Jahr über.

du meilleur sens sehr vernünftig.

d'une manière générale im allgemeinen.

d'un jour à l'autre von einem Tag auf den anderen.

d'un pas ferme festen Schrittes, d.h. unbeirrt.

d'un ton cavalier in frechem Ton; *cavalier* kann bedeuten: Herr, Reiter, Kavallerist, Tänzer . . .

du sublime au ridicule il n'y a qu'un pas Vom Erhabenen zum Lächerlichen ist es nur ein Schritt; überliefert als ein Wort Napoléons I. auf seiner Flucht aus Rußland im Dezember 1812. Der Gedanke findet sich jedoch schon bei dem englischen Schriftsteller Thomas Paine in »The Age of Reason«, erschienen 1749.

E

l'eau bénit le cœur wörtlich: Wasser segnet das Herz; d. h. es handelt sich um leere Versprechungen.

Eau de Cologne das Kölnisch(e) Wasser, angeblich von dem Italiener Joh. Maria Farina 1799 zu Köln erfunden; eine Lösung verschiedener ätherischer Öle in Alkohol.

eau de vie wörtlich: Lebenswasser, bedeutet: Branntwein; Wodka heißt im Russischen »Wässerchen«.

un échappé des Petites-Maisons extravaganter Mensch, einer, der einen Stich hat . . . *les Petites-Maisons* hieß ein altes Pariser Irrenhaus.

une école maternelle Kindergarten.

une économie de bouts de chandelle Sparsamkeit »an den Enden der Kerze«, das heißt: am falschen Platz.

écoute s'il pleut! wörtlich: horch, ob's regnet, d. h. sei doch endlich einmal still!

écrasez l'infâme! »Löscht die Schreckliche aus« – ein Wort Voltaires (1694–1778), das sich in seinem Briefwechsel mit Friedrich dem Großen immer wieder findet; es wird verstanden als absoluter Widerwille gegen die Kirche, jedoch wäre richtigerweise *infâme* als adjektive Ergänzung zu *superstition,* nämlich dem Aberglauben zu verstehen.

elle a ses mois sie hat »das Monatliche«, d. h. die Regel/Menstruation.

elle est encore fille wörtlich: ist noch ein Mädchen, bedeutet: sie ist noch unverheiratet.

elle est femme! sie ist (eben eine) Frau; im Sinne von: da kann man nichts dagegen ausrichten.

elle est grande dans son genre mais son genre est petit (sie glänzt in ihrem Fach, aber sie stammt aus kleinen Verhältnissen) so die Sängerin Catalani (1782–1849) über ihre Zeitgenossin, die Sopranistin Henriette Sontag, verehelichte Gräfin Rossi (1806–1854) bei einem Diner in Berlin.

elle mérite la pomme! sie ist die Schönste; in Anspielung auf die griechische Mythologie: Paris hatte im Wettstreit der drei Göttinnen den Apfel der Aphrodite zuerkannt.

embarras de richesses »Reichtumsnot« nach dem Titel einer Komödie des Abbé d'Allainval († 1753), was belegen mag, daß man schon damals »Wohlstandselend« gekannt hat.

l'Empire c'est la paix Das Kaiserreich ist der Friede, sagte Louis Napoléon in seiner Rede vom 9. 10. 1852; später konnte man in einer Zeitung die vorausschauende Umwandlung in *l'Empire c'est l'épée* (Schwert) lesen.

l'Empire du Milieu das Reich der Mitte, China.

en aucune façon keineswegs.

en bas âge im zarten Alter.

en bloc im ganzen, in Bausch und Bogen; pauschal.

en bon français klar und deutlich.

en bon lieu am geeigneten Ort.

en bourgeois in Zivil(kleidung).

en cachette still und heimlich; *un esprit caché* ist ein Duckmäuser.

en chair et en os höchstpersönlich, leibhaftig.

enchanté! entzückt (erg. Ihre Bekanntschaft zu machen, oder ähnlich).

encore une fois! noch einmal.

encore un petit mot! noch eine Kleinigkeit (wäre zu sagen).

en d'autres mots mit anderen Worten; anders ausgedrückt.

en désespoir de cause als letztes verzweifeltes Mittel.

en détail im einzelnen, im Kleinen. Gegensatz ist *en gros.*

en deux mots in wenigen Worten; kurz gesagt, kurz und bündig.

en deux temps et trois mouvements im Nu.

des ennemis intimes »intime«, also heftige Feinde.

en face von Angesicht, von vorn; dies vor allem in der Malerei und Fotografie, im Gegensatz *en profil.*

un enfant d'amour dieses »Kind der Liebe« meint das uneheliche Kind.

les enfants s'amusent wird von Erwachsenen gesagt, meint: lassen wir sie, sie sind wie Kinder (die herumspielen).

enfant terrible a) ein schreckliches, die Umgebung tyrannisierendes Kind, das außerdem Dinge ausplaudert, die nur die Familie angehen; b) jemand, der sich nicht an die Parteilinie hält bzw. mit seinem Verhalten gegen die gesellschaftlichen Spielregeln verstößt.

Les Enfants terribles eigentlich Bezeichnung der komischen Bilderfolgen des satirischen Zeichners Paul Gavarni (1804–1866). Ferner gab es einen gleichnamigen Film von J. P. Melville nach dem Roman von André Fraigneau.

l'enfer, c'est les Autres »Die Hölle, das sind die anderen« ist die Quintessenz in dem Stück → *Huis clos* von J. P. Sartre – ein Ausdruck der tiefsten Welt- und Menschenverachtung des existenzialistischen Nihilismus.

en foi de quoi zur Beglaubigung dessen; zum urkundlichen Beweis.

en grande toilette in vollem Staat, groß aufgemacht.

en gros bedeutet auch: kurz gesagt, kurz zusammengefaßt.

en guise de anstelle von; *la guise* ist »Art und Weise«.

en haut lieu bei einflußreichen Leuten, an höchster Stelle.

en herbe noch grün; *l'herbe* ist Gras, Gewächs.

enlevez le bœuf! wörtlich: bringt den Ochsen weg, d. h. weg mit dem ganzen Kram, macht reinen Tisch!

en l'honneur de zu Ehren von.

en main propre zu eigenen Händen.

en marge à la marge (nur) am Rande.
en marmelade zu Brei geschlagen.
en mesure im Takt.
en moins de deux in Sekundenschnelle
en nulle façon keineswegs.
en outre außerdem.
en papillote papillotes sind Lockenwickler; wir haben es hier mit »in Papierhüllen« gegarten Fisch- oder Geflügelspeisen zu tun.
en passant im Vorübergehen, d.i. ganz beiläufig.
en personne persönlich.
en plein air unter freiem Himmel, in der frischen Luft; davon auch der Begriff der *plein-air* Malerei (vor allem des Impressionismus).
en plein midi am hellichten Tag, eigentlich Mittag.
en plus obendrein.
en pourparlers in Verhandlungen.
en premier lieu in erster Linie.
en prendre et en laisser wörtlich: davon nehmen und davon lassen, d.h. nicht alles glauben.
en pure perte ganz umsonst, bei vollem Verlust.
en raison inverse in umgekehrtem Verhältnis.
en regard daneben.
en retard verspätet.
en route! vorwärts! gehen wir! los!
en service commandé in Ausübung seines Dienstes.
entendu! einverstanden! alles klar!
entente cordiale herzliches Einverständnis; das französich-englische Bündnis nach 1904.
en terre étrangère in der Fremde.
en toute rencontre bei jeder Gelegenheit.
en toutes lettres klar und deutlich, nämlich mit allen Buchstaben (ausgeschrieben).
en tout état de cause auf jeden Fall.

entr'acte »zwischen den Akten« eines Schauspiels, einer Oper usw., vor allem ausgefüllt mit Musik, Ballett usw.

en travestie bezeichnet ursprünglich Mädchen in Männerkleidung, die sogenannten »Hosenrollen«.

entre chien et loup wörtlich: zwischen Hund und Wolf, bedeutet: in der Dämmerung, im Zwielicht.

entrecôte ist das Rippenstück vom Rind, bzw. die Koteletts davon.

entre deux âges meist zitiert als *une femme entre* . . .; zwischen zwei Altern meint: nicht mehr ganz jung, schon etwas »verblüht«.

entre deux trains auf der Durchreise.

entre deux vins schon etwas beschwipst.

entre Dieu et soi insgeheim, ohne Zeugen.

l'entrée im Ballett der Beginn eines → *pas de deux,* wenn beide Tänzer vor dem → *corps de ballet* erscheinen.

les entrées in der klassischen Speisefolge des 19. Jahrhunderts die kleinen, warmen Zwischengerichte.

entre la poire et le fromage beim Nachtisch; in früheren Zeiten aß man in Frankreich Käse erst nach dem Obst, denn »Käse schließt den Magen«.

entre le zist et le zest weder Fisch noch Fleisch.

entre parenthèses eigentlich zwischen Klammern, d.h. nebenbei (bemerkt).

entre quatre murs hinter Schloß und Riegel.

en un clin d'œil in einem Nu, Augenblick.

en un rien im Nu.

en vente zu verkaufen.

l'envie m'en a passé die Lust (daran) ist mir vergangen.

en voilà une surprise! welche Überraschung!

en vogue in Mode, im Schwange.

en voiture! einsteigen, Abfahrt! (Bahn, Auto, Wagen).

épater le bourgeois bedeutet: den Bürger verblüffen, vor den Kopf stoßen, narren.

l'épée de chevet wörtlich: Schwert des Kopfkissens, bedeutet: der Lieblingsgegenstand, den man hat.

épouser par paroles de futur mit Zukunftsworten heiraten, d.i. sich verloben.

l'Erémitage eigentlich Einsiedelei (l'ermitage); der Name des 1765 in St. Petersburg (Leningrad) gegründeten weltbekannten Museums, 1852 durch den deutschen Baumeister Klenze neu gestaltet; seit der frühen Renaissance pflegte man in fürstlichen Parks Eremitagen nachzubilden.

espèce d'idiot! (du) Erztrottel! blöder Kerl!

des espèces sonnantes klingende Münze, Bargeld.

l'esprit de clocher wörtlich: Geist des Glockenturms, d.i. der sogenannte Kirchturmsverstand, ein bloßer Lokalpatriotismus.

esprit de concierge der Hausmeister-Geist, d.i. der »gesunde« Menschenverstand, Grips; ähnlich anzuwenden wie etwa unser Ausdruck »Bauernschläue«.

l'esprit malade die Torheit.

l'esprit naturel der Mutterwitz.

... est en jeu es geht um ...

étant donné (que) in Anbetracht der Tatsache, daß; da ja; mit Rücksicht auf.

étant donné les circonstances angesichts der (Sach)lage.

l'Etat c'est moi »Der Staat, das bin ich« wird Ludwig XIV. (reg. 1643–1715) zugeschrieben, ist aber nicht verbürgt.

état d'âme Seelenzustand, besonders jener von Künstlern, der diesen dann zum entsprechenden Ausdruck im Werk verhilft.

et le moyen? und wie soll das gehen? wie wollen Sie's machen?

et le reste und so weiter.

et pour cause und das mit gutem Grund!

et puis encore und noch dazu.

être à deux mains zwei Ämter (zugleich) bekleiden.

être bon gelehrt sein.

être (oder **rester**) **chocolat** verblüfft sein, fassungslos dastehen; die Etymologie von *chocolat* ist nicht eindeutig geklärt, einige Autoren leiten die Bezeichnung vom Namen des Pariser Clowns ab, vgl. das Aquarell von Toulouse-Lautrec »Chocolat«.

être dans la marmelade in der Tinte sitzen.

être dans les vignes wörtlich: in den Weingärten sein, d. h. einen sitzen haben.

être dans ses petits souliers wörtlich: auf kleinen Schuhen, d.h. sehr in Verlegenheit sein, knapp sein (an Mitteln).

être de la maison Poulage von der Polente/Polizei sein.

être de la zone kein Geld haben, ein armer Hund sein; *la zone* ist ein Randgebiet von Paris.

L'Être et le Néant deutsch »Das Sein und das Nichts«. Titel einer Schrift von Jean-Paul Sartre: Versuch einer phänomenologischen Ontologie; wird zitiert für Situationen, in denen es sozusagen »um alles« geht; vgl. »Sein oder Nichtsein« in Shakespeares *Hamlet.*

être loup avec les loups mit den Wölfen heulen, sich der Masse anschließen.

être pot-au-feu sehr hausbacken sein, → *pot-au-feu.*

être sujet à l'heure nicht Herr seiner Zeit sein.

être tout miel ein Heuchler sein, zuckersüß tun; *le miel* ist der Honig.

l'évangile du jour das gegenwärtige Stadtgespräch, in aller Munde.

l'exactitude est la politesse des rois die Pünktlichkeit, wörtlich: Genauigkeit, ist die Höflichkeit der Könige – ein oft zitiertes Wort nach einem Ausspruch Ludwigs XVIII.

excusez du peu! das geht zu weit!

une excuse honnête eine triftige Entschuldigung.

des expressions rabattues abgedroschene Redensarten.

les extrêmes se touchent Gegensätze ziehen sich an, wörtlich: berühren sich; ist mehrfach überliefert: in Louis Sébastien Merciers »Tableau de Paris«, bei Auquetil in »Louis XIV., sa Cour et le Régent«, bei La Bruyère und schließlich aus den → *Pensées* von Pascal.

F

fable convenue diese »vereinbarte, angenehme Fabel« wird von Voltaire (1694–1778) formuliert in »Jeannot et Colin«; er schreibt dort: »Alle alten Geschichten sind, wie uns ein Schöngeist lehrt, nicht anderes als genehme/ willkommne Fabeln . . .«.

une fabrique de fausses nouvelles ein Lügenblatt, Tratschzeitung.

la façon voilée die (von Melancholie) gedämpfte »verschleierte« Lebenshaltung – von Heimito von Doderer als »eine Art Dasein hinter zugezogenen Vorhängen« umschrieben.

faire des fla-flas aufschneiden, großtun.

faire d'une rose un artichaut aus einer Rose eine Artischocke machen, d.h. aus Schönem/Gutem etwas Häßliches/Böses machen.

faire frou-frou Aufsehen erregen.

faire la madame die große Dame, die »Gnädige« spielen.

faire l'amour sich (körperlich) lieben.

faire le matador sich (zu einem Helden) aufspielen.

faire les cents pas auf und ab gehen; vgl. »Nach dem Essen sollst du ruh'n oder tausend Schritte tun«.

faire passer douze pour quinze ein X für ein U vormachen; im Französischen drückt man dies durch zwölf und fünfzehn aus.

faire son Joseph den (keuschen) Josef spielen.

faire son mea-culpa seine Schuld eingestehen; lateinisch *mea culpa.*

faire son purgatoire en ce monde die Hölle (schon) auf Erden haben; von lateinisch *purgatorium,* Fegefeuer.

faire suisse wörtlich: es auf die Schweizer Art machen, d.i. im Restaurant essen, auch: für sich allein trinken.

faire tapisserie wörtlich: die Tapete spielen, d. h. ein Mauerblümchen sein/bleiben.

fais-moi oublier mais ne m'oublie jamais Laß mich vergessen, aber vergiß mich nicht, so schrieb die schon bejahrte Tänzerin Marie Taglioni (1804–1884) an ihre Lieblingsschülerin Emmy Livry, die – erst sechzehnjährig und schon vielversprechend – bei einem Theaterbrand ums Leben kam. Auf die Taglioni gehen die Erfindung von Spitzenschuh und → *Tutu* zurück.

fait accompli die vollendete Tatsache.

un fait à l'amour was (nur) aus Liebe getan wird, also umsonst, ohne Gegenleistung zu erwarten.

fait comme un Z krumm und schief.

faites vos jeux! wörtlich: machen Sie Ihr Spiel, d. h. setzen Sie (jetzt), Ihren Einsatz, bitte!

les faits et gestes das Tun und Treiben.

une faquinerie ein Schelmenstreich; *le faquin* ist der Schlingel, Wicht, Lump; eigentlich die Holzfigur, nach der bei den ritterlichen Lanzenrennen gestochen wurde.

les faubourgs sont plus grands que la ville wörtlich: die Vorstädte sind größer als die (Innen)stadt, im Sinne von: vor lauter Bäumen sieht man den Wald nicht.

une fausse maigre weibliches Wesen, das auf den ersten Blick schlank aussieht, bei näherer Betrachtung jedoch rundlich erscheint.

faute de mieux mangels eines Besseren; im Notfall.

les faux frais Unkosten, Nebengebüren, wörtlich: »falsche« Kosten.

un faux jeton ein »falscher Fuffziger«; etwas, das gut aussieht, aber nichts Gutes bringt.

faux pas ist der »Fehltritt«, also: Taktlosigkeit, gesellschaftlicher Verstoß.

une femme à grand tralala eine aufgeputzte Frau.

la femme fatale die Frau, die einem Manne zum Schicksal

werden kann, vgl. lateinisch *fatum;* ein vampirhaftes Wesen.

ferme la malle ziemlich vulgär: halt's Maul!

le feu couve sous la cendre wörtlich: das Feuer brütet unter der Asche; bedeutet: man sinnt auf Rache.

les feux de la nuit die Feuer der Nacht, meint: die Sterne.

fiche-moi la paix! laß mich doch in Ruhe!

un fils à papa Sohn eines (einflußreichen) Vaters; »der Papa wird's schon richten«.

un fils de la terre ein Emporkömmling.

les fils de la vierge der Altweibersommer.

une fin de non-recevoir Antrag auf Abweisung einer Klage.

fin de siècle »Ende des Jahrhunderts« bezeichnet die Wende zwischen dem 19. und dem 20. Jahrhundert. Ursprünglich Titel eines Lustspiels von de Jouvenot und Micard (1888); gebraucht als Bezeichnung für die Umwälzungen und »Dekadenzerscheinungen« in Mode, Kunst und Literatur.

fines herbes grüne Kräuter; in der Gastronomie jeweils in besonderer Zusammenstellung, die oft nicht bekanntgegeben wird.

finissez donc! hört (hören Sie) doch endlich damit auf!

le fin mot das Geheimnis; der versteckte Grund – was mit »feinem Wort« nichts zu tun haben braucht.

fleur bleue wörtlich: die blaue Blume (der Romantik); *très fleur-bleue* bedeutet: sehr romantisch (veranlagt) sein.

Les Fleurs du Mal »Die Blumen des Bösen« sind das dichterische Hauptwerk des Charles Baudelaire (1821–1867).

la foi du charbonnier der Köhlerglaube, felsenfestes Vertrauen.

foie gras avec Sauternes bezeichnet die Gänseleber-Spezialität der Gascogne, zu der vorzugsweise der berühmte Sauterner Wein getrunken wird.

la foi et les prophètes die unbestreitbare Wahrheit.

la foire n'est pas sur le pont wörtlich: Der Jahrmarkt ist nicht auf der Brücke; d.h. es hat keine Eile, es brennt ja nicht. Kleinen Krämern war in alten Zeiten zugestanden worden, nach Beendigung des Marktes noch nicht verkaufte Ware auf der Brücke weiter feilzubieten.

une fois pour toutes endgültig, ein für allemal.

Folies-Bergère berühmtes Pariser Vergnügungsetablissement.

le fond du panier wörtlich: der Untergrund des Korbes; meint: Tand, Schund, Ausschuß.

une forêt du Bondy eine unsichere Gegend; Bondy, in der Umgebung von Paris, galt immer als sehr verrufen.

un fort de thème wörtlich: stark im Thematischen, d.h. ein Schüler ohne jede Phantasie.

un fort en X ein mathematischer Kopf, ein kühler Rechner.

le fort portant le faible wörtlich: der Starke den Schwachen tragend, bedeutet: alles in allem, Gesamtschau.

les fouettées eigentlich *pirouettes fouettées:* im Ballett Drehung auf Spitze oder Halbspitze, bei der das Spielbein peitschende Bewegungen aus dem Kniegelenk erzielt.

la fourchette du père Adam diese »Gabel Vater Adams« ist fünfzinkig – die Finger unserer Hand.

des fourmis dans les jambes Ameisen (kribbeln), eingeschlafene Beine.

le frein d'urgence die Notbremse.

Frère Jacques, dormez-vous . . . Bruder Jakob, schlaft Ihr noch, ist der Beginn eines bekannten französischen Kinderliedes.

les fruits civils wörtlich: bürgerliche Früchte, bedeutet: Ertrag an Mieten und Zinsen.

fumer sans pipe et sans tabac wörtlich: ohne Pfeife und Tabak rauchen; d.h. vor Wut schäumen, außer sich sein.

G

gai comme un bonnet de nuit wörtlich: lustig wie eine Schlafmütze, d.h. traurig, niedergeschlagen.

la gaieté de cœur diese wörtliche Fröhlichkeit des Herzens bedeutet: reiner Mutwille.

un galant homme ein Ehrenmann.

une gazette du quartier ein stadt-/ortsbekanntes Tratschweib.

le genre humain a) das Menschengeschlecht, b) die Damenwelt.

des gens à chichi Leute, die viele Umstände machen.

les gens de bon sens vernünftige Leute.

les gens d'affaires Geschäftsleute, die Geschäftswelt.

les gens de lettres Schriftsteller.

les gens de rien die kleinen (einfachen) Leute.

les gens de loi die Juristen.

les gens du monde die Leute der besseren Gesellschaft.

des gens habillés gut gekleidete Leute.

les gens sont ainsi faits! so sind die Menschen/Leute eben!

gentil comme un cœur allerliebst.

une girouette wörtlich: Wetterfahne; einer, der sein Mäntelchen nach dem Winde hängt; der nach Vorteil handelt.

les glaces de l'âge die Gefühllosigkeit, Härte des Alters.

le gourmand bezeichnet einen Schlemmer, auch: Vielfraß, im eher negativen Sinn; *le gourmet* ist der Feinschmecker, der Genießer; *la gourmandise* der besondere Leckerbissen.

goutte à goutte tropfenweise, nach und nach.

la grammaire qui sait régenter jusqu'aux rois die Grammatik, die bis über die Könige zu herrschen weiß, wird in den »Femmes savantes« des Molière zitiert.

grand bien vous fasse! wohl bekomm's (Ihnen)!

grand-chose viel, ziemlich viel.

grand comme un mouchoir de poche wie ein Taschentuch, d.h. winzig, klein.

Grande Corniche → *corniche.*

grande dame eine Frau mit Persönlichkeit, vollendetem Auftreten.

grand dans son genre → *elle est grande*

grand (oder **vrai) gendarme de famille** ein Mannweib, ein wahrer Dragoner von einer Frau.

le grand genre die Manieren der vornehmen Welt.

la grande nation nannte Napoléon (Bonaparte) die Franzosen in der Proklamation von 1797 beim Verlassen Italiens; er hat das Wort oft wiederholt und es noch 1816 auf St. Helena vor Las Casas als sein geistiges Eigentum behauptet. Die Autorschaft wird aber schon J. Maistre (Brief von 1794) zugeschrieben. Sogar Goethe hat, unabhängig davon, »die große Nation« für die Franzosen 1793 und 1795 gebraucht.

le grand œuvre die Hauptsache, der »Stein der Weisen«.

le grand oui das Jawort.

grand prix der »Große Preis«, vor allem im Pferdesport und bei Autorennen gebräuchlich.

la griffe du lion wörtlich: die Pranke des Löwen; bedeutet: die »Handschrift«, das Merkmal eines Talents, Genies, Charakters.

une grosse légume wörtlich: dickes Gemüse, d.h. ein »hohes Tier«.

gros mots (auch *mots gros, vilains mots*) sind Zoten.

la guerre à outrance der Krieg bis zum Äußersten.

H

l'habit est obligatoire Gesellschaftsanzug (ist) erforderlich.

l'habit noir der Frack.

l'habitude nous cache sous une housse et nous empêche de voir die Gewöhnung steckt (uns) unter die Pferdedecke und hindert uns am Sehen, sagt Jean Cocteau über die »andere Realität« in seinen phantastischen → *Art-déco*-Filmen; im Sinne von: vor Neuerungen den Kopf in den Sand stecken.

un habitué ständiger (und sachkundiger) Besucher (Theater usw.), auch: Stammgast (in Cafés, Bars usw.).

halte-là wer da? halt, stehenbleiben!

des haricots! es ist nichts! nichts gibt's. *Les haricots* sind die Bohnen, vgl. unser »nicht die Bohne«.

la haute antiquité die graue Vorzeit.

la haute coiffure meint die internationale Frisurenkunst.

la haute couture erstklassige Damenmode, aus bestem Hause.

haute volée gibt es eingedeutscht als die *Hautevolée*, das ist die vornehmste Gesellschaft einer Stadt, eines Landes.

haut-goût (haben) schon »riechen«, überständig sein; auch: Zote.

l'herbe sera bien courte s'il ne trouve pas à brûler wörtlich: das Gras muß schon sehr kurz sein, wenn er nicht versucht es anzuzünden; bedeutet, es muß noch viel schlimmer kommen, ehe er verzagt, aufgibt.

l'heure H ist unsere »Stunde X«.

une histoire du merle et de la merlette wörtlich: Geschichte von der Amsel und ihrem Kind; bedeutet: ein Streit um des Kaisers Bart.

histoires que tout cela! das ist doch alles Unsinn; alles nur Rederei!

hommage de l'auteur vom Verfasser überreicht/ gewidmet.

hommage de reconnaissance als Zeichen dankbarer Verehrung.

un homme à bonnes fortunes ein Liebling der Frauen.

un homme à deux faces ein Heuchler.

un homme à femmes ein großer Frauenverehrer.

homme à la mer! Mann über Bord.

un homme à part ein Sonderling; ein großer Geist, ein Genie.

l'homme au masque de fer der Mann mit der eisernen Maske; historisch nachweisbarer Staatsgefangener Ludwigs XIV., wahrscheinlich Graf Matteoli, Staatssekretär des Herzogs von Mantua, der, unter einer schwarzen Maske verborgen, unerkannt blieb und 1703 in der Bastille starb.

un homme de l'autre monde einer, der »auf dem Mond« lebt.

un homme de néant eine wahre Null, ein Nichtskönner.

un homme de parole entspricht dem deutschen »Ein Mann, ein Wort«.

un homme de qualité ein Mann/Mensch von (einiger) Bedeutung.

un homme de ressource wörtlich: Mann mit Geldmitteln, d.h. einer, der sich immer zu helfen weiß.

un homme de tous métiers einer, der mit allen Wassern gewaschen ist.

un homme d'honneur n'a que sa parole ein Ehrenmann hat nichts als sein Wort, d.h. wiederum »Ein Mann, ein Wort«.

l'homme d'un seul livre ein parteiischer Mensch, der nur einen einzigen Standpunkt gelten läßt.

l'homme propose, Dieu dispose Der Mensch denkt, Gott lenkt; nach der Bibel (Sprüche 16, 9), verkürzt aus: *homo proponit sed Deus disponit.* Luther übersetzte: Des Menschen Herz schlägt seinen Weg an, aber der Herr allein gibt, daß er fortgehe.

Honneur et Patrie ist die Devise des Ordens der Ehrenlegion – *Légion d'honneur* –, der 1802 zur Belohnung von Verdiensten im Zivil- und Militärleben begründet wurde.

hon(n)i soit qui mal y pense Ein Schelm sei, wer Schlechtes dabei denkt. Devise des Hosenbandordens, gestiftet 1350 von Eduard III. von England. Er soll diesen Ausspruch getan haben, als seine Geliebte, die Gräfin Salisbury, auf einem Ball ihr linkes Strumpfband verlor und er, in der Bemühung es aufzuheben, an ihr Kleid griff... Der Hosenbandorden ist ein dunkelblaues Samtband, mit goldener Schnalle unter dem linken Knie befestigt. Die Zahl der Mitglieder ist sechsundzwanzig, die Verleihung erfolgt nur an regierende Fürsten und höchsten Adel; daneben gibt es die sogenannten sechsundzwanzig »armen Ritter«, die für eine »Rente« von dreihundert Pfund Sterling jährlich die Aufgabe haben, für die ordentlichen Mitglieder zu beten.

l'hôpital n'est pas fait pour les chiens wörtlich: das Hospital ist nicht für die Hunde da, d.h. wenn es eben nicht anders geht, dann muß man ins Krankenhaus.

l'horloge parlante wörtlich: die sprechende Uhr, d.i. die (telefonische) Zeitansage.

hors concours konkurrenzlos; sucht seines-/ihresgleichen.

hors de pair unvergleichlich.

hors de saison unzeitgemäß.

hors d'ici! oder **hors de là!** weg da! hinaus!

hors d'œuvre wörtlich: außerhalb des (eigentlichen) Werkes; Bezeichnung für kleine appetitanregende Vorspeisen.

hors la loi wörtlich: außerhalb des Gesetzes, d.i. vogelfrei, in Acht und Bann.

hors ligne außergewöhnlich.

un hôte de marque ein hoher Gast, ein angesehener Mann.

hôtel garni Hotel, das neben Übernachtung nur Frühstück bietet, also keinen Restaurantbetrieb hat.

hôtel hors de catégorie Hotel der Sonderklasse.

huis clos bei geschlossenen Türen, ist auch der Titel eines Schauspiels von Jean-Paul Sartre; wird zitiert in Anspielung auf dieses Stück, sobald eine (geschlossene) Gesellschaft oder Gruppe von Menschen sich gegenseitig auf die Nerven fällt bzw. sich das Leben zur Hölle macht.

les huit jours wörtlich: die acht Tage, d.i. der Wochenlohn.

huit jours francs bedeutet: volle acht Tage.

une humeur de chien eine Hundelaune, das »Stimmungstief«.

hypothéquer l'avenir einen Vorgriff auf die Zukunft machen.

I

ici-bas hier auf Erden.

idée fixe Zwangsvorstellung (auch krankhaft), törichtes Beharren.

il a bien couru les foires wörtlich: er hat die Jahrmärkte abgelaufen, bedeutet: er ist in allen Gassen zu Hause; er ist ein alter Hase; er ist ein Prachtkerl.

il a connu la gêne wörtlich: er hat die Folter gekannt, das heißt: er hat schlechte Zeiten hinter sich.

il aimerait beaucoup le dessin Edgar Degas, der dem Realismus stets verbunden gebliebene Maler unter den Impressionisten Frankreichs, hatte gewünscht, daß diese Worte, und nur diese, an seinem Grabe gesprochen werden sollten.

il a mis ses lunettes de travers wörtlich: hat seine Augengläser verkehrt aufgesetzt, das heißt: da irrt er sich aber sehr.

Île (oder **Isle**) **de France** die »Insel Franzien«, das ehemalige Erbland der Kapetinger und Kernland des späteren Frankreich, umfaßt das Gebiet des Pariser Beckens; *île,* weil die Seine und andere Flußläufe dort eine Art »Wasserlandschaft« bilden. Auch: französische Bezeichnung für die Insel Mauritius (östlich von Madagaskar).

Île de la Cité ist der älteste Teil von Paris, von der Seine umflossen; mit der Kirche *Notre-Dame* und dem Krankenhaus *Hôtel-Dieu.*

il en fait comme des choux de son jardin wörtlich: . . . wie mit dem Kohl in seinem Garten, das heißt: er geht damit um, als wäre das sein Eigentum.

il est bien dans son village er weiß nicht, was in der Welt vorgeht (weil er nur in »seinem Dorf« zu Hause ist).

il est dans un joli état na, der sieht gut aus! (ironisch).

il est fin er hört das Gras wachsen.

il est l'hôte et l'hôtellerie er ist die Seele des Geschäftes (wörtlich: Gast und Gastwirtschaft zugleich).

il est sur mes registres ich will es mir (vor)merken.

il existe des pensées auxquelles nous obéissons sans les connaître Gedanken, denen wir gehorchen, ohne sie zu kennen – ein Freudsches Denken vorwegnehmendes Wort von Honoré de Balzac.

il fait mauvais (temps) es ist schlechtes Wetter.

il fait nuit es wird dunkel.

il fallait que ça arrive wörtlich: das mußte ja kommen; bedeutet: da haben wir die Bescherung!

il faut fondre la cloche wörtlich: die Glocke muß gegossen werden, das heißt: man muß der Sache ein Ende machen.

il ferait beau voir que ... es wäre seltsam/lächerlich/doch noch schöner, wenn ...

il me revient que mir ist zu Ohren gekommen, daß.

il mourrait plutôt en bon chien de berger wörtlich: da würde eher ein guter Schäferhund sterben, das heißt: Unkraut vergeht nicht.

il n'a qu'un filet de vie sein Leben hängt nur noch an einem dünnen Faden.

il n'y a point de milieu hier gibt es nur ein Entweder/Oder (wörtlich: nichts von Mittelweg).

il n'y a plus d'enfants! (ach) es gibt keine Kinder mehr! Ein oft zitierter Ausruf des Argan aus dem »Eingebildeten Kranken« von Molière → *Le Malade imaginaire.*

il n'y a que le premier pas qui coûte es kommt nur auf den ersten Schritt an.

il pleut des hallebardes bei uns regnet es »Schusterjungen«, in Frankreich »Hellebarden«.

il s'en va au grand galop es geht mit ihm rasch zu Ende

il se fait tard es wird spät

il se met bien er ist (ja so) freigebig.

il s'est répandu que das Gerücht geht, daß ...

il se trouve que ... es kommt vor, daß ...

ils sont passés, ces jours de fête sie sind vorbei, die Tage des Festes; aus der Oper »Le Tableau parlant« (1769) von Anseaumes.

il va tomber des curés wörtlich: Pfaffen werden gleich runterfallen, das heißt der Himmel ist schon ganz dunkel, es wird gleich regnen.

il voudrait lui manger le cœur wörtlich: Er möchte sein Herz essen, bedeutet: Er haßt ihn wie die Pest.

il y a à prendre et à laisser es ist Gutes und Schlechtes darunter.

il y a fagot et fagot es gibt solche und solche (Leute); *le fagot* eigentlich Reisigbündel, ein Bund Holz.

il y aura grand monde es werden viele Leute dort sein.

il y a de l'oignon da steckt etwas dahinter; auch: da wird's was geben! *L'oignon* ist die Zwiebel.

il y a des juges à Berlin Es gibt (noch) Richter in Berlin, zitiert nach der Erzählung von Andrieux (1759–1833) »Der Müller von Sanssouci«.

il y a du bon et du mauvais chez lui er hat gute und schlechte Seiten.

il y a un cadavre entre eux sie sind auf Gedeih und Verderb miteinander verbunden, aufeinander angewiesen – so, als hätten sie gemeinsam jemanden umgebracht.

il y a un siècle es ist schon sehr lange her.

il y en a plein davon gibt es eine ganze Menge.

les impératifs de la mode die Anforderungen, welche die Mode an uns stellt; das Diktat der Mode.

impossible n'est pas un mot français das Wort »unmöglich« gibt es im Französischen nicht; ursprünglich im Brief Napoléons (Dresden 1813) an Graf Lemarois in der Form: *ce n'est pas possible ... cela n'est pas français!*

L'Inconnue de la Seine die Unbekannte aus der Seine gab den Titel zu einem der ersten Kriminalromane der französischen Trivialliteratur; es handelt sich um eine fiktive Gestalt, deren »Totenmaske« gleichwohl in Paris als Souvenir gehandelt wurde.

l'incroyable wörtlich: unglaublich; der Name des Männerhutes der → *Directoire*-Zeit mit der großen Krempe, der sogenannte Napoleonhut. Im übertragenen Sinne wird auch ein Modegeck so genannt.

l'Italie est un nom géographique Italien ist eine geographische Bezeichnung; aus der Auseinandersetzung des Fürsten Metternich mit Lord Palmerston über die italienische Frage, Sommer 1847. Palmerston war über diese Formulierung »giftig« verärgert, wie Metternich schreibt, er selbst blieb bei der Auffassung, daß man diese Meinung durchaus auch auf Deutschland anwenden könne.

J

J'accuse »Ich klage an«, Titel des offenen Briefes von Emile Zola in der »Aurore« vom 13. 1. 1898, in dem die Richter im sogenannten Dreyfus-Prozeß angeklagt werden, den als schuldig bezeichneten Major Esterhazy wider besseres Wissen freigesprochen zu haben.

j'aimerais mieux baiser mon pouce wörtlich: ich würde lieber meinen Daumen küssen, das heißt, das alles läßt mich durchaus kalt!

j'ai pris tout juste la mesure de votre soulier . . . das Maß Ihres Schuhs genommen; das heißt: ich weiß genau, was Sie wert sind.

la jalousie du métier der Brotneid.

jambe deça jambe delà rittlings; *la jambe* ist das Bein.

des jambes Louis XV bedeutet: krumme Beine, bezieht sich aber nicht auf den genannten König, sondern auf den Möbelstil seiner Zeit.

j'appelle un chat un chat et Rolet un fripon . . . und Rolet einen Schelm – stammt aus Boileaus (1636–1711) Satire über Rolet, einen Prokurator von ganz schlechtem Ruf.

Jardin des plantes dieser »Pflanzengarten« meint insbesondere den Botanischen Garten von Paris, der Anfang des 17. Jahrhunderts als königlicher Arzneipflanzengarten gegründet wurde.

Jean-Jacques sind die Vornamen von Rousseau (1712–1778) und dienen üblicherweise als Bezeichnung für diesen.

Jean Lapin bezeichnet den (Feld)hasen; vergleiche Meister Lampe.

je m'en fiche das ist mir schnuppe/völlig egal.

je ne vous dis pas adieu wörtlich: ich sage Ihnen nicht Lebewohl, das heißt: auf Wiedersehen! auf bald!

j'en fais mon affaire das übernehme ich.

j'en suis aussi ignorant que l'enfant qui vient de naître wörtlich: unwissend wie ein neugeborenes Kind, das heißt: davon weiß ich überhaupt nichts.

je passe ich »passe«, ich gebe das Spiel ab, ich lasse das Spiel vorübergehen.

je pense donc je suis ursprünglich lateinisch niedergelegt als *cogito ergo sum,* die erste und sicherste Erkenntnis des französischen Philosophen Descartes (Cartesius, 1596–1650) – ich denke, also bin ich.

je prends mon bien où je le trouve ich nehme das Meine, wo ich es finde, ein Wort Molières an die Adresse von Cyrano de Bergerac, der ihm das Zitat → *Que diable allait-il faire* . . . »entwendet« hatte; wohl aber nur übersetzt nach dem alten lateinischen Rechtssatz: *ubi rem meam invenio ibi vindico.*

je suis votre homme auf mich können Sie sich verlassen.

jeter le mouchoir à une femme eine Dame deutlich bevorzugen; ob das Hinwerfen eines Taschentuches sehr galant ist, bleibe dahingestellt . . .

un jeu à se rompre le cou wörtlich: Spiel, sich dabei den Hals zu brechen, das heißt, eine riskante Sache.

un jeu d'enfer ein tolles Spiel, ein Spiel mit hohem Einsatz.

un jeune ménage ein jungverheiratetes Paar.

jeunesse dorée ursprünglich Bezeichnung der reichen, jungen Männer von Paris, die nach dem 9. Thermidor 1794 zu Vorkämpfern für die Gegenrevolution wurden; ab 1824 auch allgemeiner gebräuchlich für die »üppige« goldene Jugend der Großstädte, die jungen Lebemänner und -damen.

jeux de prince: on respecte un moulin, on vole une province bedeutet: Grausamkeit, rücksichtsloses Handeln; zurückgehend auf ein Wort von La Fontaine – das ist das

Spiel großer Herren, die Mühle wird verschont, die Provinz geraubt.

les jeux sont faits bedeutet »Das Spiel ist aus«. Im Spielcasino fordert der Croupier die Spieler zum Einsatz auf mit: *Messieurs, faites vos jeux* – Ihr Spiel bitte! »Das Spiel ist aus« ist auch der Titel einer Erzählung von Jean-Paul Sartre.

je veux que le dimanche chaque paysan ait sa poule au pot ich wünsche, daß sonntags jeder Bauer sein Huhn im Topfe hat; ein Ausspruch Heinrichs IV. von Frankreich (1589–1610) zum Herzog von Savoyen, überliefert nach den »Denkwürdigen Worten« in der Geschichte Heinrichs von 1681.

je vous connais, beau masque! Sie sind erkannt! Ausruf, der wohl nicht nur auf Maskenbällen angebracht sein dürfte.

je vous en prie ... wenn ich bitten darf!

une jolie littérature ein sauberes/feines Machwerk, ironisch.

le jour fixe der bestimmte Tag, bedeutet: der Tag, an dem man Gäste empfängt, der wöchentliche Besuchstag.

une journée bien remplie ein sehr bewegter – wörtlich ausgefüllter – Tag.

un jour sans lendemain ein kurzes Glück.

les jours de fête die festlichen Tage, → *ils sont passés.*

des jours filés d'or et de soie glückliche Tage, recht blumig umschrieben, wörtlich: Tage, gesponnen aus Gold und Seide.

le jour tombe der Tag geht zur Neige.

jurer ses grands dieux hoch und heilig/Stein und Bein schwören.

jusqu'à la moelle durch und durch; *moelle* ist das Mark.

jusqu'à nouvel ordre bis auf weiteres.

jusqu'au bout des ongles durch und durch; bis ans Ende; wörtlich: bis zu den Fingerspitzen, -nägeln.

juste à temps knapp.

juste-milieu die richtige Mitte. Findet sich zuerst in den → *Pensées sur la religion* III, 3 von Pascal (gedruckt in Amsterdam 1692). Louis Philippe wendete das Wort auf seine Innenpolitik an: *Il faut chercher à nous tenir dans un juste-milieu,* was zur Bezeichnung seines Regierungssystems geworden ist.

la justice est faite die Gerechtigkeit hat ihren Lauf genommen, das heißt: das Urteil ist gesprochen.

j'y suis et j'y reste da bin ich und da bleib' ich; so McMahon am 9. 9. 1855 im Krimkrieg auf dem erstürmten Malakoff, als ihm mitgeteilt wurde, die Russen hätten Vorbereitung getroffen, die Festung in die Luft zu sprengen.

K

un kilo de rouge ist nicht 1000 Gramm Schminke, sondern heißt schlicht und einfach: ein Liter Rotwein.

L

lâchez tout! los! loslassen!

laissez faire laissez passer (aller) laßt die Dinge laufen; lassen Sie den Dingen ihren Lauf. Schlagwort der Ökonomisten des 18. Jahrhunderts, Quesnay zugeschrieben, bzw. des Liberalismus im 19. Jahrhundert. Ursprünglich die vernunftgemäße Forderung, der wirtschaftlichen Entwicklung freien Lauf zu lassen.

lancez-vous donc! (so) wagen Sie es doch!

le landerneau administratif der Beamtentratsch; möglicherweise unter Hinweis auf die nicht sehr bedeutende Hafenstadt *Landerneau* im Departement Finistère (Bretagne).

la langage des Halles die Sprache des einfachen Volkes; *les Halles* bezeichnet den Pariser Zentralmarkt.

une langue de serpent eine spitze Zunge, wörtlich: Schlangenzunge.

langue d'oc bezeichnet die südfranzösische Landschaft, etwa das Gebiet der Provence; der Begriff geht zurück auf die sprachliche Herkunft von neu-französisch »oui«, ja; das Provenzalische – die »lenga d'oc« – geht direkt zurück auf das lateinische »hoc«; wenn im Vulgärlatein z. B. gefragt wird: *vadit illi?* (geht er?), so war die Antwort: *hoc facit illi,* von dem nur das erste Wort sich erhielt. Im Gegensatz dazu die

langue d'oïl die sich im Norden Frankreichs entwickelte. Hier entstand »oui« aus *hoc . . . illi*; wir haben es also im Französischen mit der Besonderheit zu tun, daß ein einziges Wörtchen, nämlich »oui«, faktisch aus einem ganzen vulgärlateinischen Satz zusammengezogen erscheint.

la langue dorée die gewandte Zunge.

la langue verte die Gaunersprache, vergleiche den Ausdruck Rotwelsch.

la lanterne rouge das Schlußlicht.

une lapalissade eine Binsenwahrheit; abgeleitet von La Palice (1470–1525), der als französischer Offizier in der Schlacht von Pavia fiel; populär wurde er durch ein Soldatenlied, welches besang, daß er eine Viertelstunde vor dem Tod noch lebte.

les larmes de commande falsche Tränen.

la leçon particulière die Privatstunde.

leger comme un papillon wörtlich: zart wie ein Schmetterling, bedeutet: von zierlicher Statur (bei Personen).

lèse-majesté, auch: *crime de* Majestätsverbrechen, Hochverrat; das *crimen laese majestatis* im Lateinischen.

la levée de boucliers allgemeine Empörung (bouclier = Schild).

la levée en masse die Generalmobilmachung.

le voici qui vient! hier kommt er ja!

liberté – égalité – fraternité Freiheit, Gleichheit, Brüderlichkeit: die drei Schlagworte der Französischen Revolution ab 1789.

un limaçon ein Streber; einer, der mehr sein will als seinesgleichen.

le lion du jour der Held/Mann des Tages.

la littérature engagée bezeichnet das Schrifttum im Dienste einer bestimmten politischen Haltung oder Tendenz, bzw. allgemeiner: Literatur, die sich nach herrschender Ideologie ausrichtet.

le livre d'heures das Stundenbuch; es enthält die Tagzeitengebete (Horen) für Laien, daher auch Laienbrevier genannt. Im Spätmittelalter vor allem im Burgundisch-Französischen, in höfischen Kreisen verbreitet und kostbar ausgestattet; hierdurch besitzen wir beste Belege alter Buchmalerei.

un livre sur le marbre wörtlich: Buch auf Marmor, bedeutet: ein druckfertiges Manuskript.

des livres de rencontre antiquarische Bücher (die man zufällig aufstöbert, was natürlich auch eine »Begegnung« ist).

long comme un jour sans pain sehr lang; stinklangweilig wörtlich: ein Tag ohne Brot.

les longueurs de la justice die Mühlen der Gerechtigkeit mahlen langsam . . .

Louis-Philippe-Stil bezeichnet die schlicht-bürgerliche Mode bzw. den Einrichtungsstil zur Zeit dieses Königs, etwa unserem »Biedermeier« entsprechend.

Louis-Quatorze heißt der Stil für die Zeit Ludwig XIV., vor allem in der Inneneinrichtung mit den sogenannten »Boulle-Möbeln«.

Louis-Quinze entspricht der Zeit Ludwigs XV. und etwa dem Rokokostil.

Louis-Seize folgt unter Ludwig XVI., und kann mit Klassizismus bzw. Empire gleichgesetzt werden.

lui présent in seiner Gegenwart.

lumière érotique bezeichnet das mehr oder weniger gedämpfte rote Licht in Nachtlokalen, Bars usw.

la lune de miel wörtlich: Honigmond; Flitterwochen.

M

madame antique spaßhafte Bezeichnung für die bereits älter gewordene »Ehehälfte«.

madame est servie heißt: der Tisch ist gedeckt, es kann aufgetragen werden; eine wörtliche Übersetzung versuche man lieber nicht!

Madame Mère war die Anrede für die Mutter Napoléons, Laetitia, geb. Ramolino, † 1856 in Rom.

Madame Nitouche → *une sainte nitouche.*

ma foi, oui! aber ja; meinetwegen!

la maigre Lieven war der Spitzname für die blonde Frau des russischen Botschafters in London, die zwei Jahrzehnte mit Staatskanzler Clemens von Metternich (1773–1859) liiert war.

la maison de Souabe (das Geschlecht der) Hohenstaufen.

une maison du bon Dieu ein gastfreundliches Haus.

les maisons empêchent de voir la ville soviel wie: man sieht den Wald vor lauter Bäumen nicht.

une maison nue wörtlich: ein nacktes, das heißt, ein unmöbliertes Haus.

le maître de plaisir einer, der für die (vergnügliche) Gestaltung eines Abends, einer Gesellschaft usw. Sorge trägt.

le maître des hautes œuvres wörtlich: der Meister der hohen Werke, meint: Henker, Scharfrichter.

maître d'hôtel Haushofmeister (am königlichen Hofe).

la maîtresse de maison die Frau/Dame des Hauses.

mal à propos zur Unzeit, ungelegen.

Le Malade imaginaire »Der eingebildete Kranke« von Molière (eigentlich Jean-Baptiste Poquelin, 1622–1673), dem Leiter und auch Hauptdarsteller seiner eigenen Schauspielertruppe.

mal de cœur ist eine kleine Übelkeit, nicht etwa »Herzeleid«.

le mal du siècle der Weltschmerz.
le mal du pays das Heimweh.
le mal du rail die »Eisenbahnkrankheit«.
le mal de la route wenn einem im Auto schlecht wird.
le mal des montagnes die »Höhenkrankheit«.
le mal français die sogenannte Franzosenkrankheit, d.i. Syphilis; in Frankreich: le mal de Naples.
malheur à lui! wehe ihm!
une malice noire eine ganz abscheuliche (wörtlich: schwarze) Bosheit.
manger un morceau de roi einen köstlichen Bissen genießen.
manger tout cru wörtlich: ganz roh essen, d.i. mit Haut und Haaren verschlingen.
la manière de parler die Redensart, Redeweise.
les manières gauloises altväterliche (wörtlich: gallische, das heißt keltische!) Sitten, Anschauungen.
manque de aus Mangel an.
le manteau de la nuit wörtlich: Mantel der Nacht, bedeutet: Sternenzelt.
le maquis der Buschwald auf Korsika. Bezeichnung übertragen auf die französische Widerstandsbewegung im Zweiten Weltkrieg; die Kämpfer sammelten sich in unzugänglichen Waldgebieten und hatten dort ihre Stützpunkte.
le marchand de canons Kriegslieferant, Kriegsgewinnler.
le marchand de sable est passé wörtlich: der Sandverkäufer ist vorübergegangen, das heißt: der Sandmann ist da, es ist Schlafenszeit.
la marchande d'amour die käufliche Dirne.
la marche à suivre wie man verfahren/vorgehen muß.
marcher sur les gens die Menschen verachten, wörtlich: auf ihnen herumtrampeln.
des marguerites de cimetière sind nicht Gänseblümchen

am Friedhof, sondern bedeutet: das erste weiße Haar an der Schläfe.

un mariage à l'anglaise bereits nach kurzer Ehe getrennt leben.

un mariage d'épervier sie ist der »Herr im Haus«.

un mariage d'inclination eine Liebesheirat.

un mariage en détrempe (d'Afrique) eine wilde Ehre.

la Marianne Personifikation der französischen Republik; auch Name einer 1850 gegründeten Geheimgesellschaft mit sozialistischen Tendenzen.

marié à la mode de Bretagne in wilder Ehe lebend.

Marie Chantal Spitzname für die französische Variante der *upper-class-lady;* eine Art *femme snob* aus dem Milieu der Romane von Françoise Sagan; man kann auch im sogenannten *Marie-Chantal-*Tonfall reden.

un mari en or ein Mustergatte.

un match sans histoire ein Spiel ohne Höhepunkte.

le matin de la vie der »Frühling« des Lebens, die Jugend.

ma toute belle meine Allerschönste.

la mauvaise herbe das Unkraut.

un mauvais lieu wörtlich: schlechter Ort, bedeutet: verrufenes Haus.

un médecin d'eau douce wörtlich: Arzt für süßes Wasser; bedeutet: einer, der keine wirksamen Mittel verschreibt.

le meilleur des mondes possibles wurde von Voltaire (1694–1778) in seinem »Candide« formuliert: »Alles steht zum besten in (unserer) besten (aller) möglichen Welten ...«. Dies nach einem Hauptgedanken in der »Theodizee« von Leibniz (1710).

un meilleur monde bessere Gesellschaftskreise.

mêle-toi de tes oignons! kümmere dich um deinen (eigenen) Dreck! (wörtlich ist von Zwiebeln die Rede).

un ménage à trois wörtlich: Haushalt zu dreien, also ein Dreiecksverhältnis, natürlich nicht mathematisch aufzufassen!

le mépris de la mort die Todesverachtung.

merci pour les employés in allen Spielcasinos ist es üblich, im Falle eines Gewinnes dem Croupier Jetons als Geschenk zu überlassen, was dieser mit obiger Redewendung quittiert.

une mer de ... ein Übermaß von ...

une mer de sang Ströme von Blut.

merde! ziemlich krasses Schimpfwort, soviel wie: Dreck, Scheiße.

me revoici! da bin ich wieder! öfter: *me voici!* da bin ich! hier!

merveille de vous voir! wörtlich: ein Wunder, Sie zu sehen, das heißt: Sie leben noch!? – Ausdruck des Erstaunens.

mes meilleurs vœux! meine besten Wünsche!

une messe blanche die (wörtlich: weiße) Messe, die ein Priester(kandidat) zur Einübung liest. Übrigens heißt es im Französischen *dire la messe,* die Messe sagen ...

mettez vos lunettes! wörtlich: setzen Sie die Brille auf, das heißt, schauen Sie doch einmal genau(er) hin!

mettre la clef sur la corniche wörtlich den Schlüssel auf den Sims legen, das heißt: für immer verschwinden; vergleiche: den Rock an den Nagel hängen.

mettre le feu à la maison de son voisin pour faire cuire un œuf wörtlich: seines Nachbarn Haus anzünden, um ein Ei zu kochen; das heißt: »über Leichen gehen«.

le mieux possible möglichst gut; vergleiche auch → *le meilleur des mondes ...*

mi-mort halbtot.

une mine de chanoine blühendes, rundliches Aussehen; *le chanoine* ist der Domherr.

le ministère des autels wörtlich: der Dienst der Altäre, das Priesteramt.

minuit sonnant Schlag zwölf Uhr (Mitternacht).

les minutes des actes Urschriften von Urkunden.

le miroir d'eau wörtlich: Wasserspiegel; so nennt man einen viereckigen Tisch.
la mise de siège Verhängung des Belagerungszustandes.
la mise en œuvre die Bearbeitung.
la mise en scène die Inszenierung (am Theater).
la mise sous presse die Drucklegung.
le modèle de mari der Mustergatte.
moitié chair moitié poisson weder Fisch noch Fleisch (wörtlich: halb . . .).
moitié de mon âme! wörtlich: Hälfte meiner Seele, das heißt: mein Liebling!
moitié farine moitié son halb gezwungen, halb freiwillig; *le son* ist die Kleie.
moitié figue moitié raisin halb im Scherz, halb im Ernst.
le moment psychologique der günstig(st)e Augenblick.
des moments vides als »leere Momente« wird die Saure-Gurken-Zeit bezeichnet.
un monde à part eine Gesellschaft für sich; eine geschlossene Runde.
le monde est ainsi fait so ist das nun einmal auf der Welt.
un monde fou schrecklich viele Leute, die naturgemäß deswegen nicht *fou*/verrückt zu sein brauchen!
mon fort meine starke Seite.
mon Jésus! mein Goldkind (als Kosewort).
mon loup wörtlich: Wolf, bedeutet: mein Herzblatt (Kosewort).
mon œil! wörtlich: mein Auge, das heißt: fällt mir doch nicht im Traume ein! Tja, denkste!
mon petit rat/ma petite ratte mein Mäuschen, männlich bzw. weiblich anzuwenden.
mon Séladon du himmelst mich umsonst an, →*Céladon.*
mon siège est fait wörtlich: meine Belagerung findet statt, das heißt: ich ändere meine Meinung nicht (mehr).

Monsieur et cher confrère! Sehr geehrter Herr Kollege!

monsieur vaut bien madame sie taugen beide nichts.

la montagne a enfanté une souris wörtlich: der Berg hat eine Maus zur Welt gebracht, vergleiche lateinisch *parturiunt montes, nascetur ridiculus mus:* die Berge kreißen, geboren wird eine kleine (lächerliche) Maus (Horaz). Bedeutet: Viel Lärm um nichts.

monter sur le Parnasse wörtlich: auf den Parnaß, den Berg der Musen, steigen, das heißt dichten; vergleiche *Montparnasse,* südlicher Stadtteil von Paris mit dem bekannten Künstlerviertel.

monter sur le théâtre heißt: Schauspieler werden.

un mont d'or wörtlich: Goldberg, bedeutet: sehr viel/einen Haufen Geld.

mon vieux! mein Lieber! mein Guter!

le morceau honteux wörtlich: das schamhafte Stück, das ist der letzte Bissen auf dem Teller/der Platte, den sich jeder zu nehmen scheut.

les morceaux sont bons wörtlich: die Stücke sind gut, bedeutet: obgleich zerbrochen/kaputt, behält die Sache doch ihren Wert.

la mort a fait son œuvre der Tod ist eingetreten.

la mort au monde die Flucht in die Einsamkeit.

la morte-saison die Saure-Gurken-Zeit.

la mort dans l'âme die Todesbetrübtheit.

les morts vont vite »Die Toten schreiten schnell«, übersetzt nach einer Zeile aus J. G. Bürgers (1748–1794) Ballade »Leonore« im Zitat bei Madame de Staël in »De l'Allemagne«, XIII. Abschnitt (1813).

le mot de Cambronne eine Umschreibung für →*merde;* General Cambronne (1770–1842) soll nach der Schlacht bei Waterloo die Niederlage der Franzosen mit *merde* quittiert haben; französische Schulbücher aber legten ihm → *La (vieille) garde meurt* in den Mund.

le mot de la situation bedeutet: die Aufklärung der Lage; das richtige Wort zur richtigen Zeit.

le mot de l'énigme des Rätsels Lösung.

le mot qui colle à une idée das passende/treffende Wort (das einem plötzlichen Einfall entspringt).

mots-centres Stichwörter, Schlüsselwörter.

mots savants sogenannte »gelehrte« Wörter, die aus dem geschriebenen Latein vorwiegend zur Zeit der Renaissance ins Französische eingeflossen sind. Der Gegensatz: *mots populaires,* das sind die ursprünglichen Wörter des Altfranzösischen, die direkt aus dem (gesprochenen) Vulgärlatein übernommen erscheinen.

un mot, s'il vous plaît! auf ein Wort (bitte)!

Moulin Rouge wörtlich: rote Mühle; Name für Nachtlokale und Vergnügungsetablissements, das bekannteste in Paris.

les moutons de Panurge sprichwörtlich für: Nachäffer; nach Rabelais' »Leben des Gargantua und Pantagruel« entstand der Begriff so: Panurge, auf einem Schiff, kauft einem Händler, der eine Herde Schafe mit sich führt, eines davon ab und wirft es ins Meer; darauf springen alle anderen Tiere nach.

un mouton à cinq pattes wörtlich: Schaf mit fünf Beinen, bedeutet (selten wie) ein weißer Rabe.

un mouvement perpétuel a) ein Trugbild, b) ein unermüdlicher Mensch/Arbeiter.

moyennant finance gegen bar/Barzahlung.

N

n'avoir ni feu ni lieu nirgendwo zu Hause sein.
n'avoir ni foi ni loi ohne Treu und Glauben sein.
ne faites pas de mystères! machen Sie doch keine (solchen) Umstände!
des nèfles! man wird Ihnen was husten! Tja, Pustekuchen! *Les nèfles* sind Mispeln.
les neiges d'antan Schnee vom vergangenen Jahr, → *où sont les neiges.*
ne parler que par B et par F (nur) ordinäre Ausdrücke gebrauchen.
ne pas devant les domestiques/les enfants! (bitte) nicht vor den Dienstboten (den Kindern)! – wenn etwas unter den Eheleuten bzw. vertrauten Freunden bleiben soll.
n'être pas dégoûté kein »Kostverächter« sein.
un neveu à la mode Bretagne ein sehr entfernter, »weitläufiger« Verwandter.
ne voir personne wörtlich: niemanden sehen, das heißt, weder Besuche machen noch empfangen.
un nez à porter lunettes wörtlich: Nase zum Brillentragen, bedeutet: eine Riesennase.
ni jour ni nuit niemals!
n'importent les pays et la race ganz gleich, welchen Landes und Volkes (welcher Abstammung).
ni peu ni prou gar nicht; auch in der Form: *peu ou prou.*
ni plus ni moins nicht mehr und nicht weniger.
ni vu ni connu wörtlich: weder gesehen noch gekannt, das heißt: als ob nichts geschehen wäre.
noblesse oblige Adel verpflichtet; auch Titel einer kleinen Schrift von Nancy Mitford.
un nom à coucher dehors ein überaus schwierig auszusprechender, kaum zu behaltender Name.

nom de Dieu! Himmeldonnerwetter! Dasselbe bedeutet auch: *nom de bleu!* und *nom d'une pipe!*

un nom d'emprunt ein Falschname (der »geliehen« ist).

le nom de guerre der Künstlername, Deckname; das Pseudonym.

le nom de plume der Schriftstellername.

nom d'un petit bonhomme! Himmeldonnerwetter! Potz Blitz!

le nom n'y fait rien der Name tut nichts zur Sache, ist nicht ausschlaggebend.

nonchalance wörtlich: die Nicht-Erhitzung, das heißt: unbekümmertes lässiges Wesen, das Sich-Gehenlassen; bezeichnet sehr treffend die Haltung der Vornehmtuer und Snobs.

non parce que mais quoique »nicht weil, sondern obgleich; 1830, bei Einsetzung des sogenannten Juli-Königs, entstand die Frage, ob sich Louis Philippe nun Philipp VII. nennen sollte. Dupin erklärte dabei, der Herzog von Orléans sei auf den Thron gekommen, »nicht weil, sondern obwohl« er ein Bourbone sei; dieses Wort wird also zur Unterstreichung kritischer Entscheidungen zitiert.

nos neveux unsere Kinder und Kindeskinder.

Notre-Dame Unsere (liebe) Frau; Bezeichnung der Gottesmutter Maria bzw. der ihr geweihten Kirchen und Wallfahrtsorte.

Notre-Dame de Thermidor Ehrenname des Volkes von Paris für die Marquise Thérèse Cabarrus, die Geliebte Robespierres, die am 8. Thermidor (= der »Hitzemonat« der Französischen Revolution vom 17. Juli bis 16. August) hingerichtet werden sollte, aber durch die Meuterei Talliens gegen Robespierre wie durch ein Wunder freikam.

notre première mère ist die »Stamm-Mutter« Eva.

nourriture de l'âme »Nahrung der Seele«, in schlechtem

Latein *nutrimentum spiritus,* von Friedrich dem Großen gebrauchter Ausdruck beim Bau der Königlichen Bibliothek zu Berlin; → *aliment de l'esprit.*

nous avons changé tout cela dieses geflügelte Wort stammt aus einer treffenden Antwort in Molières »Arzt wider Willen« (Le médecin malgré lui), 1666, welcher Doktor Leber und Herz verwechselte, jedoch – wie oben zitiert – schlagfertig war.

nous marchons sur des volcans wurde schon 1794 von Robespierre mit Bezug auf unüberwindliche Schwierigkeiten zitiert.

nous verrons, dit l'aveugle wörtlich: Wir werden sehen, sagte der Blinde, das heißt: Sie haben ein Urteil wie ein Blinder von der Farbe.

la nouvelle cuisine heißt die neue französische Küche, die moderne »Richtung« der Kochkunst, gestaltet nach letzten ernährungspsychologischen Erkenntnissen.

la nouvelle est transpirée es ist die Neuigkeit durchgesikkert, daß . . .

nouvelles de la dernière heure (aller)letzte Nachrichten.

nouvelle vague bedeutet die »Neue Welle«, insbesondere im Filmschaffen der sechziger Jahre (Truffaut, Malle u.a.).

des nuages à l'horizon wörtlich: Wolken am Horizont, bedeutet: Gefahr in Verzug.

nu en chemise im Hemd, fast unbekleidet.

la nuit de temps das antike Altertum, die graue Vorzeit.

la nuit tombe bedeutet: die Nacht beginnt; d.h. es wird Nacht.

nul et non avenu null und nichtig.

nulle part nirgends.

nul n'aura de l'esprit hors nous et nos amis keiner soll (wörtlich: wird) Geist haben, außer uns und unseren

Freunden, zu zitieren nach Molières »Schule der Frauen« (Les Femmes savantes, 1672).

numéro cent wörtlich Nummer 100; d. i. unser 00 fürs WC.

O

des objets en tout genre Gegenstände aller Art.

un œil à Paris, l'autre à Pontoise überall zu Hause (sein), vergleiche: ein Hans-Dampf in allen Gassen. *Pontoise* ist ein Bahnknotenpunkt im Departement Seine-et-Oise.

un officier de liaison ein Verbindungsoffizier.

l'oiseau n'y est plus wörtlich: ... ist nicht (mehr) da, das heißt: der Vogel ist ausgeflogen.

l'omelette surprise In der Gastronomie bedeutet *surprise* in Verbindung mit dem Namen einer (Süß-)Speise in der Tat »Überraschung«; man hat es in diesen Fällen mit einem »Geheimnis des Hauses« zu tun, die Zusammensetzung der Zutaten wird nicht preisgegeben.

on a tant crié Noël qu'il est venu wörtlich: man hat so sehr (nach) Weihnachten geschrien, daß es gekommen ist; bedeutet: das Langersehnte ist endlich eingetroffen.

l'onde noire wörtlich: die schwarze Woge, das heißt der Unterweltfluß Styx.

un on-dit wörtlich: man sagt; ein Gerücht, nur vom Hörensagen; meist in der Verbindung: einem *on-dit* zufolge.

on le mangerait! wörtlich: man möchte es essen, d.h. zum Anbeißen süß!

on ferme! wir schließen jetzt; es ist Zeit (zu gehen).

on ne le trouve plus, la mère en est morte wörtlich: man findet es nicht mehr, die Mutter davon ist tot, d.h. so was gibt's (heute) nicht mehr!

on ne peut mieux wörtlich: man kann nicht besser, d.h. aufs beste ...

on ne prête qu'aux riches man borgt nur den Reichen; es ist besser, nur den Reichen etwas zu leihen. Die Kurzform des Wortes aus dem Evangelium nach Matthäus 13,12: Wer hat, dem wird gegeben ...

on pardonne tant que l'on aime lautet im Deutschen: Man vergibt, so lange man liebt.

on revient toujours à ses premières amours man kommt immer wieder auf seine erste(n) Liebe(n) zurück. Aus der Romanze im 3. Akt der Oper »Joconde« von Isouard, Text von Étienne (1778–1845).

on se rase ici ironisch für: hier langweilt man sich aber!

on s'y porte dort laufen alle Leute hin.

on voit la ficelle dieser Trick ist zu plump; *la ficelle* ist der Bindfaden.

l'or est une chimère das Gold ist ein Trug; aus dem Text von Eugène Scribe zu Meyerbeers Oper »Robert der Teufel« (uraufgeführt Paris 1831).

l'ordinaire est maigre aujourd'hui heute gibt es ein sehr frugales (mickriges) Essen.

or natif (oder **vierge**) bezeichnet ein gediegenes, reines Gold.

l'oubli de soi-même die Selbstverleugnung.

où est la femme? → *cherchez la femme.*

où sont les neiges d'antan wo ist der Schnee vom letzten Jahr . . . ist sprichwörtlich geworden nach dem Kehrreim der Ballade »Von den Damen der Vorzeit« des François Villon (1431–1461).

un ouvrage goûté ein Werk, das Anklang/Anerkennung findet.

P

la paix! dieser Aufruf zum »Frieden« bedeutet: Ruhe bitte!

papa (oder **maman**) **gâteau** Vater (seltener Mutter), der/die seine/ihre Kinder verwöhnt.

papillons noirs traurige Gedanken, Flausen; wörtlich: schwarze Schmetterlinge.

parbleu! etwas veraltet, aber mundartlich noch gebräuchlich: potztausend! Donnerwetter noch einmal!

par cœur auswendig; meistens als *savoir par cœur* verwendet.

par conséquent infolgedessen.

par contre dagegen, jedoch.

par-dessous la jambe leicht, ohne Schwierigkeit/Anstrengung.

par-dessus le marché (noch) obendrein.

Les Parents terribles die schrecklichen Eltern in Abwandlung der → *enfants terribles.* Ein Filmwerk von Jean Cocteau (1889–1963), dessen Titel zum Zitat wurde. Es geht um die kleinen familiären Tragödien unter der Oberfläche einer scheinbar heilen, bürgerlichen Welt.

par excellence vorzugsweise, vor allem, schlechthin.

par exemple! heißt mit Ausrufungszeichen nicht »zum Beispiel«, sondern: das ist ein starkes Stück!

par façon de plaisanter (nur) im Scherz.

parfait! ausgezeichnet! vollkommen! In der französischen Grammatik das Perfektum der Zeitwortform. *Le parfait* in der Gastronomie bedeutet »das höchste der Gefühle«, was die Raffinesse der Zubereitung betrifft, und bezeichnet ganz auserlesene Speisen.

par force etwas veraltet für: unbedingt, mit Gewalt; meist nur noch die Wortverbindung *Par-force*-Jagd.

par fraude in betrügerischer Weise.
par hasard zufälligerweise.
par ici (la sortie) hier entlang: (Ausgang bitte) hier!
la Parisienne bezeichnet die Pariser Hymne, ein Freiheitslied zur Verherrlichung der Juli-Revolution 1830; komponiert hat sie Auber: *Peuple français, peuple de braves.* Mit demselben Namen wird ein kleingemustertes Seidengewebe bezeichnet.
un Parisien pur sang ein echter/gebürtiger Pariser.
Paris vaut bien une messe Paris ist eine Messe wert, soll Heinrich IV. von Frankreich (1553–1610) gerufen haben, als er konvertierte. Er war nach den Valois der erste Bourbone auf dem französischen Thron, ein Mann von großer Ausstrahlung und Vitalität, der von seinen hugenottischen Gefolgsleuten vergöttert wurde. Er siegte zunächst über die von Philipp II. geführte Katholische Liga, kehrte aber dann zum katholischen Glauben zurück. Im Edikt von Nantes (1598) erhielten Protestanten und Katholiken die gleichen bürgerlichen Rechte, was Frankreich eine lange Periode des Friedens sicherte.
par la voie hiérarchique über den Dienstweg.
parler affaires sich geschäftlich unterhalten.
parler français comme une vache espagnole wörtlich: wie eine spanische Kuh, d.i. schlecht Französisch sprechen; *vache* korrumpiert aus »vacce«, der Baske.
par lettre brieflich.
le parleur! so ein Schwätzer! »Parlieren« (von *parler,* sprechen) meint auch: in fremder Sprache reden, also eher zögernd, langsam, der Engländer würde das als *small talking* bezeichnen.
par manière de dire gesprächsweise.
par manière du jeu spaßeshalber, scherzhaft.
une parole d'évangile wörtlich: Satz aus dem Evangelium, bedeutet: eine sichere Sache.

la parole (a été) donnée (à l'homme) pour déguiser la pensée, auch zitiert als *paroles (sont) faites pour cacher nos pensées.* Dieser Ausspruch wird von Talleyrand berichtet, und zwar aus einer Unterredung mit dem spanischen Gesandten (1807), der ihn damals an Versprechungen zugunsten der spanischen Krone zu erinnern wagte.

par oubli aus Vergeßlichkeit.

par parenthèse nebenbei, beiläufig.

par passe-temps zum Zeitvertreib.

par rang de taille der Größe nach.

par rapport à . . . wegen.

par retour du courrier postwendend.

par ricochet aus zweiter Hand.

par ses propres moyens ohne (fremde) Hilfe.

le partage du lion so teilt der Löwe – d. h. der eine kriegt alles, der andere nichts.

par tête pro Person.

la partie publique Staatsanwalt(schaft).

les parties honteuses die »verschämten Teile« des menschlichen Körpers.

partir à l'anglaise sich auf französisch (was die Franzoschen auf die Engländer übertragen) empfehlen, sich heimlich davonmachen; umgekehrt sagt der Brite *to take French leave.*

partir pour le midi nach Südfrankreich reisen.

le pas chassé im Ballett ein Sprungschritt, bei dem ein Fuß den anderen jagt.

pas d'action ist der handlungstragende Teil eines Balletts, die Verbindung von Tanz und Pantomime.

pas de ça! nichts da! (aber wirklich) nicht!

pas de deux wörtlich: Schritt zu zweien; der Paartanz; im klassischen Ballett meist fünfteilig: →*Entrée,* Adagio, Variation des Tänzers, Variation der Tänzerin, Coda.

pas de chat »Katzensprung«, ein Sprungschritt mit seitlichem Abwinkeln der Beine, aber immer in weicher Linienführung.

pas de quoi ... (tut) überhaupt nichts (zur Sache).

pas de zèle! eigentlich *surtout pas de zèle:* vor allen Dingen (aber nur) keinen Eifer. Der Ausspruch soll von Talleyrand, dem »gescheitesten Fuchs der Diplomatie«, stammen; eine in vielen Situationen angebrachte Warnung vor übertriebener »Fixigkeit«.

pas du tout ganz und gar nicht.

pas mal du tout gar nicht einmal so schlecht!

pas plus que dans mon œil wörtlich: nicht mehr als in meinem Auge (zu ergänzen: Platz hat), d.h. gar nichts.

pas pour un empire um nichts in der Welt.

passé! vorbei! vergangen! das ist nicht mehr wahr!

le passe-partout wörtlich: paßt für alles; die Kartonumrandung von Zeichnungen und Grafiken, die dazu dient, das Wesentliche der Darstellung durch Eingrenzung hervorzuheben.

pas tant de mystères! aber, aber, nicht so viele Umstände!

le patenôtre das Geschwätz; abgeleitet von lat. *pater noster,* eigentlich das Vaterunser.

la patience eigentlich Geduld; a) Name des Kartenspiels, das man meist alleine ausführt, mit 1 bis 2 Spielen französischer Karten à 52 Blatt; b) in Österreich: Bezeichnung einer weihnachtlichen feinen Lebkuchenbäckerei, die in Schokolade getaucht wird.

des pattes de chat wörtlich: Katzenpfoten, bedeutet: unförmige Buchstaben, unleserliche Handschrift, ein Geschmiere.

une pauvre fois ein einziges Mal.

un pauvre sire ein armer Schlucker.

un pâté maison ist eine Pastete nach Art des Hauses; hingegen: un *pâté de maisons* der Häuserblock.

payer sa dette à la société wörtlich: der Gesellschaft seine Schuld bezahlen, bedeutet: hingerichtet werden.

les Pays-Bas die Niederlande, Holland; der Name entstand im 11. Jahrhundert, wohl auch in Abgrenzung zum Gebiete von »Hoch«burgund.

la peau! nicht im Traum! fällt mir doch nicht ein!

Pensées (sur la religion) Diese »Gedanken« sind das bekannteste Werk von Blaise Pascal (1623–1662), eine Sammlung von Denkansätzen für eine gewaltige Apologie des Christentums, welche schon das existentielle Denken späterer Zeit vorwegnehmen. Pascal zählt zu den stärksten Persönlichkeiten und glänzendsten Geistern Frankreichs. Er ist auch als Physiker, Mathematiker und Ingenieur hervorgetreten. Vergleiche die Stichwörter →*la cœur a ses raisons,* → *roulette,* → *Port Royal.*

penser, vivre (et) mourir en roi 1757 drückte Friedrich der Große in einem Brief an Marquis d'Argens den Vorsatz, sein Leben selbst zu beenden, ziemlich deutlich aus. Voltaire bekam diesen Brief zu Gesicht und bat den König, dies doch zurückzunehmen. Dieser antwortete auf französisch: Ich muß ... denken, leben (und) sterben (können) als ein König.

perdre la tramonta(g)ne kopflos werden, den richtigen Standpunkt verlieren; die Tramontana eigentlich jenseits der Berge, also die Gegend am Mittelmeer; *tramontagne* bezeichnet auch den Nordwind sowie das Polarlicht. Wenn man also gewissermaßen den Polarstern, der immer im Norden steht, (aus den Augen) verliert.

perdre (son) embonpoint abmagern, dünn werden; *l'embonpoint* bezeichnet als gebräuchliches Fremdwort eine gewisse Wohlbeleibtheit, das »kleine Bäuchlein«.

le père aux écus ein reicher, wohlbestallter Mann; einer, der viel Geld hat.

Père Lachaise heißt der berühmte Friedhof im Osten von Paris mit den Grabstätten und Denkmälern bedeutender Persönlichkeiten: Abaelard und Héloise, Victor Hugo, die Tänzerin Emma Livry usf. Der Name stammt von dem sehr »milden« Beichvater Ludwigs XIV., Pater François de Lachaise, dem an der Stelle des jetzigen Friedhofs ein vom König geschenktes Landgut gehörte.

peste soit de lui! der Teufel/der Henker möge ihn holen!

petit déjeuner das (erste, d.h. kleine) Frühstück.

les petites entrées der seinerzeit freie Zugang zu Hofe, ein Privileg auch für niedere Bedienstete.

un petit monsieur ein Geck, ein aufgeputzter Laffe.

les petits riens wörtlich: die kleinen Dinge, Belanglosigkeiten. Name der sehr bekannten Ballettmusik von W. A. Mozart, KV Anhang Nr. 10.

petit point wörtlich: kleiner Punkt. Sehr feine Stickerei, die mit einfachen Schrägstichen über Kanevas gearbeitet wird und – voll ausgearbeitet – einen perlartigen Charakter zeigt.

peu de distance de la roche Tarpéienne au Capitol vom Tarpejischen Felsen bis zum Kapitol ist's nicht weit, sagte Mirabeau in seiner Rede vom 22. 5. 1790 mit Bezug auf die Verhältnisse im alten Rom: vom Tarpejischen Felsen wurden die Verbrecher hinabgestürzt, das Kapitol war der Sitz der Regierung.

un peu gai ein bißchen beschwipst.

peu mesuré recht unüberlegt.

peu ou point de fast gar nichts.

la pièce de bœuf wörtlich: Stück vom Ochsen, bedeutet: die Hauptsache.

pièces noires nennt Jean Anouilh (geb. 1910) seine ersten Stücke (»schwarze»), mit der Grundtendenz, daß alles tragische Erleben in den erlösenden Tod münden muß, zum Beispiel Antigone, Medea, Romeo und Juliette; den Gegensatz dazu bilden seine *pièces roses,* also die mehr heiteren Stücke und Gesellschaftskomödien wie: Einladung ins Schloß, Columbe usw.

pièce de résistance in der Gastronomie: das (magenfüllende) Hauptgericht; auch: Stein des Anstoßes; Sache, um die alles geht.

le pied lui est glissé wörtlich: der Fuß ist ihm entglitten, d.h. ihm ist ein Fehler/ein »Ausrutscher« unterlaufen.

un pied plat wörtlich: Plattfuß, auch beim Auto; übertragene Bedeutung: ein gemeiner Mensch.

la pierre philosophale der »Stein der Weisen«.

piper comme un Turc wie ein »Schlot« (hier: Türke) rauchen.

piquer un macadam einen Unfall vortäuschen, um die Versicherungssumme kassieren zu können; *macadamiser* heißt: die Straße schottern, mit Belag versehen.

placé sur le chandelier in guter Position/Stellung (sein).

plaisanterie à part Spaß/Scherz beiseite.

des plaisanteries au gros sel derbe Scherze.

un plaisir de roi ein königliches Vergnügen.

un plein de façon umständlich.

des pleins pouvoirs die nötigen Vollmachten; *plein pouvoir* haben: freie Hand haben, die Ermächtigung besitzen.

les plis et les replis du cœur die geheimsten Winkel des Herzens; *le pli* ist die Falte.

la plume de l'oiseau wörtlich: Vogelfeder, bedeutet: das Beste an der Sache, die Krönung des Ganzen.

le plus que je puisse das Äußerste, das ich tun kann (vermag).

plus grand que nature in Überlebensgröße.

plus fort que moi über meine Kraft gehend.

plus le vin vieillit meilleur il est je älter der Wein, desto besser (ist er).

plus royaliste que le roi entspricht unserem »päpstlicher als der Papst«; naturgemäß nimmt hier der Franzose das Königtum ins Zitat.

plus souvent! in der Ausrufung und ironisch: niemals!

un pneu à plat der »Plattfuß« am Auto.

Plonplon Bei- bzw. Spitzname des Prinzen Jérôme Napoléon, geb. 1822, in der Nationalzeitung vom Juli 1879 dahingehend erklärt, daß der kleine Prinz, der im württembergischen Königshause aufwuchs, nach seinem Namen befragt, immer nur »...plon« geantwortet hat und schließlich von allen auch so gerufen wurde.

un point d'aiguille Nadelstich, → *aiguille du midi.*

points à l'aiguille bezeichnet die handgenähten (Brüsseler und Genter) Spitzen, zum Unterschied von den geklöppelten.

un point de repère ein Anhaltspunkt.

un point c'est tout! ... und damit Punktum!

une poire pour la soif wörtlich: Birne für den Durst, d.i. der Notgroschen.

poivre et sel Pfeffer und Salz, d.h. gesprenkelt (Bezeichnung bei Stoffen und in der Mode).

port de bras heißt die Armhaltung im Ballett.

porte-épée bezeichnet die Degen- oder Säbelquaste, von *porter l'épée;* als Portepee-Träger werden/wurden Offiziere und höhere Unteroffiziere bezeichnet.

le portrait de son père ganz der Vater!

Port-Royal (des Champs) ist der Name des 1204 gestifteten Zisterzienserklosters nahe Versailles. Im 17. Jahrhundert Mittelpunkt der sogenannten Jansenisten Bewegung, 1710 aufgehoben und zerstört. Cornelius Jansen, der niederländische Theologe (1585–1638), betonte im Gegensatz zu den Jesuiten die göttliche Gnade ohne kirchliche »Vermittlung«. Port-Royal ist auch als »geistige Heimat« von Racine und Pascal bekannt.

le postillon d'amour der Liebesbote, Überbringer von *billets doux.*

un pot à tabac so ein Kleiner, Dicker ... stammt natürlich aus der Zeit, als noch (Schnupf-)Tabakstöpfe üblich waren.

pot-au-feu eigentlich: der Topf am Feuer; bedeutet: in Hausmannsart bereitetes Fleisch, Suppentopf, insbesondere aus Rindfleisch bzw. mit Rinderbrühe; im übertragenen Sinn: Spießbürger.

un pot au noir wörtlich: Topf aus Schwarzem, d.i. Nachteil, gefährliche Lage/Situation.

le pot de terre contre le pot de fer wörtlich: der irdene gegen den eisernen Topf, d.h. ein ungleiches Verhältnis.

une poudre de perlimpinpin eine unwirksame, gänzlich wertlose Medizin.

la poule au pot → *je veux que le dimanche ...*

pour ainsi dire sozusagen, gewissermaßen.

pour la peau für die Katz' (wörtlich Haut).

pour la plupart du temps meistens.

pour la rareté du fait der Seltenheit wegen; nur aus Neugierde.

pour le motif aus stichhaltigem Grund.

pour le quart d'heure jetzt, im Augenblick (wörtlich: Viertelstunde).

pour l'ordinaire meistenteils.

pour moi ... was mich betrifft ...

pour renfort de potage wörtlich: zur Verstärkung der Suppe, bedeutet: das Tüpfelchen auf dem »i«.

un pourparler eine Unterredung zwecks Herbeiführung einer (endgültigen) Verständigung.

pour revenir à nos moutons »um auf unsere Angelegenheit zurückzukommen«, sagt die Fürstin Crescence in Hofmannsthals »Schwierigem«; → *revenons à ...*

pour tout de bon im Ernst, tatsächlich.

pour tout partage alles in allem.

prêcher sans mission wörtlich: ohne *Missio (canonica)* predigen, d.h. ganz unbefugt reden.

le premier chien coiffé venu der Erstbeste (dem man begegnet), wörtlich: der erste frisierte Hund, der ankam.

la première vue auf den ersten Blick.

le premier venu der Erstbeste.

prendre le Pirée pour un nom d'homme wörtlich: Piräus für den Namen eines Menschen halten, d.h. zwei Dinge vollkommen verwechseln.

présent! hier (bin ich)!

prêt-à-porter wörtlich: fertig zum Tragen, d.h. in der Damenmode die gehobene Konfektion in verschiedenen »fertigen« Größen, das »Kleid von der Stange«.

Prince Égalité in der Revolutionszeit angenommener Name des Herzogs Ludwig Joseph Philippe von Orléans; er nannte sich selbst eigentlich »Bürger Égalité«, beschloß zusammen mit dem Tribunal den Tod Ludwigs XVI., wurde dann aber selbst 1793 guillotiniert.

un prince est le premier serviteur de l'État ist bei Friedrich dem Großen sechsmal belegbar, und zwar in französischer Sprache. Statt *serviteur* verwendete er allerdings auch *domestique/ministre;* der Spruch ist im ganzen betrachtet als ein politisches Testament anzusehen.

privé de raison wörtlich: der Vernunft beraubt; gegen alle Vernunft, widersinnig.

le prix de la vie der Lebensunterhalt.

un prodige de science ein grundgelehrter Mann.

promettre monts et merveilles wörtlich: Berge und Wunder versprechen, unser: das Blaue vom Himmel, goldene Berge versprechen.

promettre ses grands dieux etwas hoch und heilig zusagen.

la propriété c'est le vol Eigentum ist Diebstahl, formulierte Proudhon (1809–1865), was allerdings schon auf eine Maxime Brissots (1780) zurückkgeht.

Qu

le Quai d'Orsay am linken Seine-Ufer, mit Sitz des französischen Außenministeriums, das ebenso genannt wird.

quand la balle me viendra bedeutet: bei nächster Gelegenheit.

quand les poules auront des dents wörtlich: sobald die Hühner Zähne haben werden, d. h. niemals!

quand même trotzdem; bestimmt!

quant à moi was (wörtlich: soviel) mich (angeht).

une quantité négligeable eine Sache (wörtlich Menge), die man unberücksichtigt lassen kann.

les quatre coins du monde überall in der Welt (wörtlich: die vier Ecken).

le quart d'heure de Rabelais bedeutet: der Augenblick, in dem man eine Rechnung begleichen muß; die sogenannte »Stunde der Wahrheit«. Buchstäblich gemeint ist die letzte Viertelstunde im Wirtshaus, wenn die Zeche präsentiert wird; Rabelais, nicht nur einmal in seinem Leben in Geldverlegenheit, hatte den Einfall, eines Abends die Anwesenden geschickt hinzuhalten – er gab sich als reisender Doktor aus, der geheimnisvolle Reden von schnellwirkenden Giften führte, mittels derer man den König aus der Welt schaffen könne . . . Er wurde verhaftet und vor Franz I. gebracht; als sein Trick gestanden war, lud der König den armen Schlucker an seine Abendtafel.

Quartier Latin ist ein Teil von Alt-Paris am linken Ufer der Saine, mit allen »gelehrten Anstalten« und der Universität *Sorbonne.*

que diable allait-il faire dans cette galère? was zum Teufel hatte er (oder sonst wer) auf dieser Galeere (oder sonst wo) zu suchen? Aus Molières »Fourberies de Scapin« (1671) – ein Wort, das Cyrano de Bergerac, ein Jugendfreund Molières, schon früher verwendet haben soll. Zu zitieren im Hinblick auf einen unvorsichtigen Menschen, der aus eigener Schuld in Schwierigkeiten gerät.

que non! aber nein! nein, wirklich nicht!

que pariez-vous? Was gilt die Wette? (wörtlich) was bieten Sie?

que veux-tu? oder **que voulez-vous?** das ist nun einmal so; was soll man dagegen machen?

quel culot! was für eine Frechheit!

quelle mélasse! was für ein Unglück, Pech, Verlust!

quelle puce vous mord? was fällt denn Ihnen ein? wörtlich: welcher Floh beißt Sie? Vergleiche unser »vom Affen gebissen«.

quelle sauce! wie es schüttet! jetzt gießt es in Strömen!

quelle scie! was für eine ärgerliche Sache!

quelque part irgendwo.

quelque temps eine Zeitlang.

une querelle d'Allemand ist ein Streit um des (deutschen) Kaisers Bart, also um Nichtigkeiten.

qu'est-ce qu'il y a de plus mystérieux que la clarté? was ist denn schon mysteriöser als die Klarheit – so Paul Valéry, der Denker und Weltverächter.

Quiche Lorraine heißt die Lothringer Specktorte; sie entspricht in etwa einem schwäbischen Zwiebelkuchen mit Fleisch.

qui dit dilettant dit ignorant dieses französische Sprichwort meint: wer etwas nur aus Liebhaberei tut, kann es nicht wirklich kennen; anders ausgedrückt: nur dem Künstler, der davon leben muß, kann in der Kunst voller Ernst zugebilligt werden.

qui est au bout du fil? wer spricht dort? (wörtlich: ist am Ende des Fadens?).

qui mange du pape en meurt wer etwas »vom« Papst ißt, stirbt daran – in bezug auf die Zeit Alexander VI. Borgia,

† 1503, in der unbequeme Personen bei Gastmählern durch Giftmischerei aus der Welt geschafft wurden. Übertragen gebraucht als Ausdruck der Feindseligkeit gegenüber Papsttum und Kirche.

qu'importe? das ist doch egal, gleichgültig – jedenfalls nicht wichtig.

Quinquin lesen wir im Personenverzeichnis des »Rosenkavalier« von Richard Strauß: Oktavian, genannt *Quinquin,* ein junger Herr aus großem Hause; das mag eine Verballhornung aus *quelqu'un* sein.

quinze grands jours gut 14 Tage.

qui s'excuse s'accuse wer sich entschuldigt, klagt sich an.

qui va-là? wer ist da?

qui veut faire l'ange fait la bête wer den Engel (bloß) spielen will, wird zum Untier. So Pascal in Artikel XXV, 51 seiner → *Pensées.*

qui vive? wer da? auf dem *qui-vive* sein, bedeutet: auf der Hut sein.

qui vivra verra wer leben wird, wird sehen. a) auf das Überleben kommt es an, dann geht es schon weiter; b) kann auch religiös gemeint sein: die »Anschauung« Gottes im Leben nach dem Tode.

quoi de neuf? was gibt es Neues? Die Antwort wird meistens sein: *rien de neuf aujourd'hui!*

quoi que ce soit irgend etwas (was immer es sei).

quoi qu'il en soit wie dem auch sei.

qu'il vienne! er soll nur (her)kommen! Dann wird er schon sehen . . .

R

rare comme un merle blanc selten wie ein weißer Rabe (im Französischen: Amsel).

rayez les mentions inutiles! Nichtzutreffendes streichen!

un Récamier das charakteristische Möbelstück (Bett) des Empire, benannt nach der schönen und geistvollen Julie Récamier, als Prototyp der Dame des imperialen Frankreich verewigt in dem bekannten Gemälde von Louis David. Die Récamier war eine erbitterte Gegnerin Napoléons.

la recherche de la paternité est interdite Die Ausforschung der Vaterschaft ist untersagt, lautet Artikel 340 des → *Code Napoléon.*

une réconciliation normande bezeichnet eine geheuchelte Versöhnung; »traue keinem aus der Normandie . . .«.

une religion en robe de chambre Börne gebrauchte den Ausdruck »Revolution in Schlafrock und Pantoffeln«, womit er nur ein bekanntes Wort Napoléons abwandelte, der mit Dekret vom Oktober 1801, damals Erster Konsul, die Tempel der Pariser Theo-Philantropen schließen ließ, deren Weltanschauung er eine »Religion im Schlafrock« nannte.

un remède contre l'amour wörtlich: Heilmittel gegen die Liebe, Bezeichnung für eine sehr häßliche Frau, eine »Vogelscheuche«.

un remède de bonne femme ein (gutes) Hausmittel.

le renard est pris, lâchez vos poules wörtlich: der Fuchs ist gefangen, lassen Sie Ihre Hühner raus . . . bedeutet: die Gefahr ist vorbei.

le renouveau catholique diese katholische Erneuerung, eigentlich »Frühling«, bezeichnet das international feststellbare Erstarken des Katholizismus, die Rückbesinnung auf abendländisch-christliches Erbe nach Überwindung des wissenschaftlichen Positivismus. Dichter werden zu Verkündern und Vermittlern ewiger Heilswahrheiten (Georges Bernanos, Gertrud von LeFort, Werner Bergengruen, u. v. a.).

la rentrée des classes wörtlich: Rückkehr der Klassen, d. i. der Schulanfang nach den Ferien.

une réponse de Normand: eine ausweichende/zweideutige Antwort; *répondre en Normand:* unklar, mit Ausreden antworten.

la Résistance ist die französische Widerstandsbewegung gegen die deutsche Besatzung im Zweiten Weltkrieg.

reste à savoir si . . . es fragt sich (also), ob . . .

reste ouvert à midi durchgehend (also ohne Mittagspause) geöffnet.

retournons à la nature Kehren wir zur Natur zurück, als »Devise« von Jean-Jacques Rousseau bekannt geworden; bei ihm wird die Zivilisation als Ursache allen menschlichen Unglücks angesehen; gefordert wird Rückkehr zur Natürlichkeit, Vorherrschaft des Gefühls, des Herzens; gegenüber der »Kühle« der Aufklärung wieder romantische Empfindsamkeit; von diesen Maximen gingen nicht zuletzt Impulse für den Ausbruch der Französischen Revolution aus.

une retraite de hibou bedeutet eigentlich Ort, an den sich ein Uhu zurückzieht; also: verlassenes altes Haus.

retroussons nos manches! machen wir uns/gehen wir an die Arbeit, wörtlich: krempeln wir die Hemdsärmel auf.

revenir à ses anciennes amours heißt: in die alten/früheren Fehler zurückfallen.

revenons à ces moutons »Kommen wir (also) auf diese Hammel zurück« steht schon in einer Farce aus dem 14. Jahrhundert und geht zurück auf eine Stelle bei

Martial (40–102), wo in einem Rechtsstreit »auf die besagten Hammel zurückzukommen« war.

rien appris ni rien oublié sie haben »nichts gelernt und nichts vergessen«, schrieb 1796 ein Franzose namens de Panat; bedeutet: aus den Fehlern wurde nichts gelernt, und die Fehler sind auch noch immer da.

rien ne nous plaît que le combat, mais non pas la victoire »Nur der Kampf erfreut uns (wirklich), nicht aber der Sieg« schreibt Blaise Pascal (1623–1662) in seinen → *Pensées;* man vergleiche etwa den Gedanken Rainer Maria Rilkes in seinem »Requiem für Wolf Graf von Kalckreuth«: Wer spricht vom Siegen, Überstehʼn ist alles.

rien ne presse es hat keine Eile; vergleiche die österreichische Umgangssprache: »... es pressiert nicht!«

rien n'est beau que le vrai; le vrai seul est aimable nichts ist schön, nur das Wahre; das Wahre allein ist liebenswert; so Boileau-Despréaux (1636–1711) am Anfang seiner 9. Epistel.

rien ne va plus »Nichts geht mehr« ist der Ausruf des Croupiers beim → *Roulette,* sobald die Kugel an Schwung verliert und den Kesselrand verläßt; in diesem Augenblick darf nichts mehr gesetzt werden.

la Rive gauche das linke Ufer (der Seine in Paris); schon in den dreißiger Jahren auch Name für eine berühmte Parfummarke.

une robe fatiguée bedeutet: Alltagskleid.

la roche Tarpéienne est près du Capitole trifft den Sinn des von Mirabeau überlieferten Wortes eigentlich viel besser als → *peu de distance ...*

le roi de la fête nicht der König, sondern der Lustigste von allen.

le roi est mort, vive le roi der König ist tot, es lebe der König – mit diesem Ausruf kam die Mitteilung vom Ableben des Regenten in die Öffentlichkeit; er ist als liturgische Formel zu verstehen.

le roi règne et ne gouverne pas findet sich schon in der lateinischen Form: *rex regnat sed non gubernat* im polnischen Reichstag von Jan Zamoiski († 1605) formuliert; der französische Staatsmann Adolphe Thiers (1797–1877) verfocht diesen Satz dann im Juli 1830 in der Zeitung »Le National«.

le Roi Soleil der »Sonnenkönig« wurde als spontane Formulierung durch seine Geliebte, Louise de Lavallière, zum Beinamen des vierzehnjährigen Ludwig XIV., als er – der ausgebildeter Tänzer war und zwischen seinem 12. und 32. Jahr in zahllosen Aufführungen von höfischen *ballets* mitwirkte – in einem dreizehn Stunden (!) dauernden allegorischen Tanzspiel gegen Ende der Aufführung als die »aufgehende Sonne« in strahlendes Gold gekleidet erschien.

le roi te touche, le roi te guérisse der König berührt dich, der König würde dich heilen ... Noch im 19. Jahrhundert wurde mancherorts geglaubt, daß Hautkrankheiten durch die königliche Handauflegung geheilt werden könnten.

Le roman de la Rose eine allegorisch-lehrhafte Verserzählung von Guillaume de Lorris (etwa 1210–1240), hochberühmt in der altfranzösischen Literatur.

Rome n'est plus dans Rome »Rom ist nicht mehr in Rom«, im Sinne von: Rom ist auch nicht mehr, was es einmal war; d.h. wer diesen Ort als Mittelpunkt seines Lebens, seines persönlichen Heils ansieht, muß das alles anderwärts suchen (nach Gabriel Marcel).

rond comme une pomme meint: voll betrunken.

rond de jambe bezeichnet im Ballett verschiedene Kreis- oder Halbkreisbewegungen des Spielbeins.

rond en affaires entgegenkommend, kulant.

le rôti brûle wörtlich: der Braten (ver)brennt, d.h. es ist höchste Zeit!

un roué eigentlich ein Geräderter, ein »Galgenschwengel«; der Ausdruck stammt von Philipp von Orléans (1715–1723 regierend), womit dieser Fürst die Genossen seiner Orgien zu bezeichnen pflegte. Übertragen: jeder vornehme Wüstling.

Rouge et noir »Rot und Schwarz« ist ein Glücksspiel mit sechs Whist-Kartenspielen, also 312 Blättern; es wird von sogenannten Pointeuren gegen einen Bankhalter auf einem Tisch mit roten und schwarzen Feldern gespielt; *Le Rouge et le Noir* ist einer der von genauer Lebensbeobachtung beherrschten psychologischen Romane von Stendhal (eigentlich Marie Henri Beyle, 1783–1842).

Roulette eigentlich Kügelchen; das Spiel mit der rollenden Elfenbeinkugel – die unbestechlich und meist auch unbezwingbar ist; kein anderes Spiel vermag dessen Hochspannung zu erzeugen, die bedeutendsten Köpfe haben immer wieder an der Ausarbeitung »todsicherer« Systeme gearbeitet ... Der Philosoph und Mathematiker Blaise Pascal konstruierte im 17. Jahrhundert einen Apparat für physikalische Versuche, ohne im geringsten daran zu denken, der »risikofreudigen« Menschheit eine neue Versuchung zu bescheren; allerdings entwickelte sich aus diesem Experiment tatsächlich dieses aufregende Spiel, das zur Zeit Ludwig XIV. erstmals in Paris in öffentlichen Klubs auftauche und bis heute aus dem gesellschaftlichen Leben nicht mehr wegzudenken ist.

la route naturelle est la plus courte besagt: der gerade Weg ist (immer) der beste.

le royaume des taupes bedeutet: Grab, Kirchhof; *le taupe* ist der Maulwurf; *taupe* bedeutet auch einen sehr dunkelgrauen Farbton; *noir comme un taupe* ist tiefschwarz.

les rues en sont pavées wörtlich: die Straßen sind damit gepflastert; es ist spottbillig zu haben.

rusé comme Ulysse listig, verschlagen – mit Bezug auf den »listenreichen« Odysseus/Ulysses der griechischen Sage.

S

S. A. Abkürzung für *Société Anonyme,* Aktiengesellschaft.

le Sacre du Printemps Frühlingsopfer; Weihe des Frühlings. 1913 uraufgeführtes Ballett nach der Musik von Igor Strawinsky, in dem der bis damals ausschließlich »klassische« Tänzer Nijinski erstmals zum modernen Tanzausdruck vorstieß.

sa fille est un garçon manqué an seiner Tochter ist ein Junge verlorengegangen, seine Tochter ist sehr burschikos.

sain et sauf gesund und munter.

un Saint Bouche d'or ein sehr aufrichtiger Mensch, »Goldmund«.

la Sainte Ampoule der Sage nach 496 bei der Salbung des fränkischen Königs Chlodwig I. in Reims durch eine Taube vom Himmel gebrachtes Gefäß mit dem unversiegbaren Öl für die Salbung aller französischen Könige bis Ludwig XVI.; wurde in der Französischen Revolution vernichtet.

la Saint-Glinglin der/am sogenannte(n) St.-Nimmerleins-Tag; nie!

la Saint-Lundi dieser »heilige« Montag bezeichnet den Tag, an dem man »blau macht«.

une sainte nitouche weibliche Person, die scheinheilig bzw. zimperlich ist; vergleiche das lateinische *noli me tangere.*

les saints-mystères das heilige Meßopfer (der katholischen Kirche).

la saison fleurie der Frühling.

la Salpêtrière bezeichnete ursprünglich den »Pulverturm« von Paris; dieser wurde durch königliches Dekret zu einem *hospice général* für Gebrechliche und aus der Gesellschaft Ausgestoßene umgewandelt; später Irrenanstalt.

sans autre kein Wort mehr! (sei) still!
sans crier gare ohne Vorwarnung, ohne Umschweife.
les sans-culottes ist abgeleitet aus dem Ausruf des Abbé Maury (Mitglied der Constitution 1789–1791): *M. le Président, faites taire les sans-culottes* mit Bezug auf die von der Tribüne lärmenden Republikaner, welche die bis zu den Füßen reichenden *pantalons* – die lange, lose Hose der ärmeren Schicht – und nicht die vornehme Kniehose *(culotte)* entsprechend herrschender Mode trugen.
sans doute zweifelsohne, auch: wirklich.
sans mot dire stillschweigend, wie bereits vereinbart; ohne daß man sich noch vorstellen muß.
sans esprit de retour ohne Absicht zuruckzukehren.
sans faute! (ganz) bestimmt!
sans feu ni lieu wörtlich: ohne Feuer und Ort, d.h. ohne festen Wohnsitz.
un sans-gêne ein Mensch, der sich alles erlaubt, der sich viel herausnimmt; vergleiche den Film »Mme Sans-Gêne«.
sans goût geschmacklos (betr. modische Dinge).
sans manque (ganz) bestimmt!
sans merci erbarmungslos.
sans phrase(s) ohne Kommentar und Umschweife; eigentlich verkürzt aus *la mort sans phrase,* was angeblich Siéyès auf die Frage, was mit Ludwig XVI. geschehen solle, in der Konventsitzung vom 17. 1. 1793 gesagt haben soll; belegt ist allerdings nur, daß er mit *la mort* abstimmte.
sans portefeuille eigentlich *ministre* ... bedeutet: ohne eigenen Amtsbereich; *portefeuille* ist sowohl Brief- wie Aktentasche.
sans prétentions anspruchslos.
sans prix unbezahlbar.
sans qu'il y paraisse unmerklich, unauffällig.
sans rancune! wörtlich: ohne Ränke, d.h. vergessen wir unseren Groll; oft auch als *point de rancune* zitiert.

sans reproche ohne Ihnen (daraus) einen Vorwurf machen zu wollen.

sans retour für immer, unwiederbringlich.

sans rime ni raison ohne Grund.

sans vanité wörtlich: ohne Eitelkeit, d.h. ohne mich zu rühmen.

sans vous flatter ohne Ihnen (zu) schmeicheln (zu wollen).

sans y penser ohne Absicht.

Santé! Gesundheit! Prosit! kurz von → **à votre santé.**

Sapristi! nicht sehr vornehmer Ausruf, eher schon ein Fluch im Sinne von Potztausend! Vergleiche bayerisch: Herrgottsakrament noch einmal.

sauf avis contraire wenn nichts Gegenteiliges mitgeteilt wird.

sauf erreur et (ou) omission wörtlich: ohne Irrtum und Auslassung, abgekürzt S. E. & O. nach dem lateinischen *sine errore et omissione;* entspricht unserem: Irrtum vorbehalten!

sauf le respect que je vous dois mit Verlaub (zu sagen).

sauf révérence mit Verlaub.

sauter le mur wörtlich: (über) die Mauer springen, d.h. ohne Erlaubnis ausgehen.

sauve qui peut! rette sich, wer kann . . .

le savant-bête »die wissende Bestie« meint den amusisch und unkünstlerisch eingestellten Wissenschaftler, der sich uneingeschränkt gegen die musische Komponente im Menschen und damit gegen alles humanitäre Denken wendet.

savez-vous la nouvelle? wissen Sie (schon) das Neueste?

savoir-faire Gewandtheit, Geschicklichkeit (wörtlich: etwas zu machen wissen).

savoir nager gerissen sein, über Leichen gehen (wörtlich: schwimmen können).

savoir son latin sich (in einer bestimmten Sache gut) auskennen.

savoir toutes les foires de Champagne gut Bescheid wissen, bestens unterrichtet sein; in früheren Zeiten waren die Handelsverhältnisse in der Champagne recht kompliziert, und wer sie gut kannte, konnte als erfahrener Kaufmann gelten.

savoir vivre die (feine) Lebensart, Lebenskunst; den Dingen des Lebens Geschmack abgewinnen (wörtlich: zu leben verstehen).

le sceptre et l'encensoir die weltliche und die geistliche Macht; *l'encensoir* ist das Weihrauchfaß.

séance tenante unverzüglich.

secret comme un coup de tonnerre wörtlich: verschwiegen wie ein Donnerschlag, d.h. indiskret, klatschhaft.

le secret de la comédie was jedes Kind (schon) weiß.

Séladon → *Céladon.*

le sel n'est pas marchand Salz ist Staatsmonopol.

selon l'occasion je nach den Umständen.

selon moi meiner Ansicht nach.

la semaine des quatre jeudis wörtlich: Woche der vier Donnerstage, d. h. niemals!

semé d'obstacles voller Hindernisse.

sensible aux mouches so empfindlich, daß man sich sogar über eine Fliege an der Wand ärgert.

sentir la province »nach der Provinz riechen«, bedeutet: kein urbaner Mensch, eher eine »Landpomeranze« sein

se porter comme le Pont-Neuf sich trotz Alters wohlbefinden, zwar sehr alt, aber rüstig sein; *le Pont-Neuf* ist eine der über dreißig Pariser Brücken über die Seine, angeblich römischen Ursprungs; sie trägt ein Reiterstandbild Heinrichs IV. von Frankreich.

le serpent qui ronge la lime wörtlich: Schlange/Drachen, die/der die Feile annagt; bedeutet: ein vergeblicher Angriff auf ein hervorragendes Kunstwerk oder eine bedeutende Persönlichkeit.

seul et unique einzig(artig), einzig und allein.

si Dieu n'existait pas il faudrait l'inventer »Gäbe es Gott nicht, man müßte ihn erfinden« stammt aus Voltaires »Epître à l'Auteur du livre de trois Imposteurs«; ein Zitat, das beliebig abgewandelt werden kann.

le siècle des lumières meint das Zeitalter der Aufklärung.

si la corde ne rompt... wörtlich: wenn der Faden nicht reißt, der Bogen nicht bricht; bedeutet: wenn alles gut geht, wenn es klappt ...

si fait! o doch!

si jamais im Falle daß ..., wenn überhaupt ... – im eher unwahrscheinlichen Falle anzuwenden.

si le cœur vous en dit wenn Sie Lust dazu haben?

le silence du peuple est la leçon des rois das Schweigen des Volkes ist eine Lehre für die Könige; aus der am 27. 7. 1774 für Ludwig XV. gehaltenen Leichenrede des Abbé de Beauvais; es hieß darin, daß das Volk wohl das Recht zu »murmeln« (*murmurer,* vergleiche murren) habe, aber ohne Zweifel auch jenes zu schweigen *(se taire).*

la silhouette Vor Erfindung der Fotografie war neben der Malerei die Anfertigung von Scherenschnitten eine der Möglichkeiten, Personen abzubilden; der Name leitet sich her von einem Minister unter Ludwig XV., Étienne *de Silhouette.*

si l'on n'a pas de tête il faut avoir des jambes entspricht fast wörtlich unserem: Was man nicht im Kopfe hat, muß man in den Beinen haben.

simple comme bonjour (so) einfach wie nur etwas.

si on lui pressait le nez il en sortirait du lait wörtlich: wenn man ihm die Nase zusammendrückt, kommt Milch raus; d. h. er ist noch »feucht hinter den Ohren«, ein sogenannter »grüner Junge«.

si on lui tordait le nez il en sortirait du lait wörtlich: wenn man ihm die Nase verdreht . . . (weiter wie oben) – er will den Mann spielen, ist aber noch ein »Milchknabe«.

une situation sans issue eine aussichtslose Lage.

une soirée priée eine geschlossene Gesellschaft.

soixante hivers ont passé sur sa tête er hat sechzig Winter erlebt; hat sechzig Jahre auf dem Buckel.

le soleil d'Austerlitz, eigentlich vollständig: *Voilà le soleil . . .* ein Ausruf Napoléons, als am 7. 9. 1812 über Moskau die Sonne aufging; er wollte damit seine Soldaten an den Sieg bei Austerlitz vom 2. 12. 1805 erinnern; oft zitiert, um einen Helden zu bezeichnen bzw. jemanden zu mehr Mut anzufeuern.

un soleil de janvier wörtlich: Januarsonne, bedeutet: unzuverlässiger Zeitgenosse, wankelmütiger Mensch.

son malheur est sans remède dagegen ist kein Kraut gewachsen.

son ménage est percé à jour bedeutet: er ist vollständig durchschaut; was er beabsichtigt, ist klar.

son semblable est encore à naître seinesgleichen muß erst noch gefunden (wörtlich geboren) werden.

un sot de trois lettres ein Erztrottel, ein »Armleuchter«.

soufflé Nebenbezeichnung von Speisen, die durch Beimengung von Eischnee beim Garen »auflaufen«; *soufflé* heißt an sich: aufgeblasen.

sous aucun prétexte unter keinen Umständen.

sous clef unter Verschluß.

sous-entendu stillschweigend, im stillen Einverständnis; zum Beispiel nicht gar zu *sous-entendu* sprechen, d. i. Distanz wahren, Abstand halten.

sous la cheminée heimlich; unter der Hand.

sous la foi de serment eidesstattlich.

sous le couvert de . . . im Auftrage von . . .

sous l'égide de unter dem Schutze von; mit Bezug auf Ägide, wie der Schild der Pallas Athene hieß; im übertragenen Sinne erstmals von Voltaire gebraucht.

sous le manteau de la cheminée unter dem Mantel der Verschwiegenheit.

sous le masque heimlich.

sous toutes réserves mit Vorbehalten, ohne jede Gewähr.

le Spectre de la Rose Der Geist der Rose. 1911 in Monte Carlo uraufgeführtes Ballett mit der Musik von C. M. von Weber nach einem Text von Théophile Gautier: *Soulève ta paupière close / qu'effleure un songe virginal / je suis le spectre de la rose / que tu portais hier au bal*... Die berühmten ersten Protagonisten waren Tamara Karsawina und Michael Fokin bzw. Waclaw Nijinski.

le spectre rouge »Das rote Gespenst« war der Titel einer Broschüre von M. A. Romieus (1851), mit welcher den Franzosen der Bürgerkrieg prophetisch angekündigt wird.

le style c'est l'homme hieß ursprünglich *le style est l'homme même:* Worte Buffons (1707–1788) in seiner Antrittsrede in der → *Académie* (1753): Wie der Stil, so der Mensch! Spätere Lesart: Le style est *de* l'homme même.

suivant son habitude seiner Gewohnheit gemäß.

la suite a) Folge von Zimmern in Schlössern, Hotels. b) Gefolge eines Fürsten, Präsidenten usw. c) eine Reihe stilisierter Tonsätze oft gleicher Thematik, die sich nur in Takt, Tempo oder Charakter unterscheiden; einem *prélude* folgen üblicherweise Allemande, Courante, Sarabande; auch Gigue, Pavane, Gavotte können Teile der *suite* sein.

la suite au prochain numéro ein anderes Mal mehr (davon).

le suprême bezeichnet immer ein sog. Königsgericht, bestehend aus dem jeweils besten oder am besten geeigneten Fleischstück einer Art.

sur le livre rouge dieses französische »rote Buch« bedeutet unsere »schwarze Liste«.

sur le pont d'Avignon ist der Anfang eines weitbekannten Liedes in bezug auf die berühmte Ruine der römischen Brücke unterhalb der Papst-Stadt Avignon, die mitten über dem Rhône-Fluß abbricht.

sur le radeau de la Méduse wörtlich: auf dem Floß der Medusa; bedeutet: in großer Not, Gefahr, Bedrängnis; Anspielung auf den Untergang der »Medusa« (1816) – ein Teil der Besatzung rettete sich auf ein Floß, aber nur wenige überlebten.

sur les pointes im Ballett die choreographische Anweisung, »auf Spitze« zu stehen bzw. zu tanzen; der Spitzenschuh, ein wahres Martergerät für weibliche Füße, wurde im 19. Jahrhundert von Vater Taglioni für seine Tochter Marie – angeblich, um von deren häßlicher Nase abzulenken bzw. sie auch größer erscheinen zu lassen – erfunden.

sur quelle herbe avez-vous marché? wörtlich: über welches (Un-)Kraut sind Sie marschiert, d.h. was ist Ihnen über die Leber gelaufen?

surtout pas d'affaires ... (macht) nur kein (solches) Theater!

surtout pas de zèle → *pas de zèle.*

surtout, pas un mot! kein Wort mehr davon! ich will nichts mehr hören!

T

la table d'hôte die (gemeinschaftliche) »lange« Tafel in Hotels und Gaststätten, an der die Gäste der Reihe nach – ähnlich wie im privaten Bereich – bedient werden; in romanischen Ländern durchaus noch üblich.

tant bien que mal ja doch nur, so gut wie . . ., zum Beispiel: sie waren *tant bien que mal* verlobt.

tant de bruit pour une omelette soll auf den Schriftsteller Desbarreaux († 1675) zurückgehen; dieser hatte an einem Fasttag Eierkuchen bestellt; als der Wirt widerstrebend auftrug, erfolgte ein heftiger Donnerschlag – da warf Desbarreaux den »Kuchen des Anstoßes« mit obigem Ausruf kurzerhand aus dem Fenster; zu zitieren für alles, was unnötig Ärgernis erregt.

tant pis wörtlich: desto schlimmer; im Sinne von: da kann man eben nichts machen.

tel est notre bon plaisir »Dies ist unser gnädiger Wille« stammt aus einer Anordnung Karls VIII. von Frankreich, gegeben am 12. 3. 1497; ursprünglich hieß es nur: *tel est notre plaisir.*

la tempête dans un verre d'eau »Sturm im Wasserglas« nannte Montesquieu (1689–1755) die Wirren in der Zwergrepublik San Marino auf einprägsame Weise. Übertragen zu zitieren für alles übertrieben Betriebsame bei winzigen Anlässen. Schon Cicero *(De legibus)* sprach von einem *fluctus in simpulo;* daher leitet sich auch der Titel der Komödie von Eugène Scribe.

le temps file . . . wie doch die Zeit vergeht!

le terre à terre das Alltägliche; man vergleiche die Ausdrücke: sich *terre-à-terre* fühlen; eine Sache zu sehr *terre-à-terre* anfangen, usw.

tête-à-tête dieses »Kopf-an-Kopf«, das bei zärtlichen Zusammenkünften wohl zwangsläufig eintritt, bezeichnet demnach diese selbst; etwa vergleichbar dem smarteren *cheek-by-cheek* im Englischen.

une tête carrée wörtlich: ein Quadratschädel, ein Querkopf, Querulant.

la tête près du bonnet wörtlich: Kopf nahe der Betthaube; d. h. barsch, sehr kurz angebunden, unhöflich.

tiens! c'est vous! ach, Sie sind das!

tiens, tiens! sieh doch mal an!

le tiers et le quart dieser und jener; alle Welt.

le Tiers-Monde die Dritte Welt, die Entwicklungsländer.

tirer les marrons du feu die Kastanien aus dem Feuer holen; stammt aus der Fabel »Der Affe und die Katze« von La Fontaine (1621–1695); der Affe verlangt von der Katze, die Kastanien zu holen – gehorsam tut sie das, bringt sie ihm, und er verspeist sie genüßlich.

un tombeau des secrets einer, der verschwiegen ist wie ein Grab.

tomber en syncope bedeutet: in Ohnmacht fallen, hat also mit Synkopen bzw. heißen Rhythmen nichts zu tun.

torse nu oben ohne; abgeleitet von der marmornen Nacktheit der »Torso«-Büsten, die man im Museum bewundert.

toujours bien porté noch immer in Mode.

toujours en vedette! immer auf dem Posten, schrieb Friedrich der Große in seinem »Exposé du gouvernement prussien«.

toujours la chose génitale wird auf Professor Jean Martin Charcot, den Leiter der Pariser → *Salpêtrière*, zurückgeführt; soviel wie: es dreht sich ja doch alles immer (nur) um die sexuellen Dinge; ursprünglich als Anspielung auf die schlechten sozialen Verhältnisse zu verstehen.

toujours la même litanie immer die alte (dieselbe) Leier!

toujours le même refrain (es ist) immer das alte Lied!

toujours perdrix! »immer Rebhuhn« als Ausdruck der Übersättigung; er stammt angeblich vom Beichtvater Heinrichs IV., der diesem wegen seiner zahllosen Liebschaften Vorwürfe gemacht hatte und daraufhin beständig *perdrix* vorgesetzt bekam – um endlich die Notwendigkeit einer Abwechslung einzusehen.

La Tour d'Argent Der silberne Turm, Name eines weitberühmten Feinschmeckerlokals in Paris.

tour en l'air besondere Sprungart im klassischen Ballett aus der 5. wieder in die 5. Position – nach einfacher, doppelter oder gar dreifacher Drehung um die eigene Körperachse.

t.s.v.p. im Klartext: *tournez s'il vous plaît* bedeutet: bitte wenden!

tous les genres sont bons hors le genre ennuyeux Alle (Kunst-)Gattungen sind gut mit der Ausnahme der langweiligen. So Voltaire in seiner Vorrede zu »L'Enfant prodigue«.

tous tant que nous sommes (wir) alle ohne Ausnahme.

tout à fait ganz und gar; vollkommen.

tout à la fois auf einmal.

tout à l'heure soeben.

tout à trac plötzlich, unversehens.

tout autant genau so!

tout battant neuf funkelnagelneu.

tout beau! nur immer schön langsam . . .!

tout bien pesé nach reiflicher Überlegung.

tout comme chez nous ganz wie bei uns (zu Hause); zurückzuführen auf Nolant de Fatouvilles »Arlequin, l'Empereur dans la Lune« (1648). Harlekin, der sich für den Herrscher des Mondes ausgibt, beschreibt die Mondbewohner . . . und neunmal bemerken dazu die Umstehenden: *Ah, c'est tout comme ici . . .!*

tout comprendre c'est tout pardonner wird auf Madame

Anne Louise Germaine de Staël, geb. Necker (1766–1817), zurückgeführt; in ihrem Buch »Corinne où l'Italie« sagt sie allerdings wörtlich: . . . *tout comprendre rend très indulgent* – alles verstehen macht sehr nachsichtig.

tout d'un coup mit einem Schlag, plötzlich.

tout en larmes in Tränen zerfließend.

tout est à l'abandon alles geht drunter und drüber.

tout est dit wörtlich: es ist alles gesagt, d. h. die Sache ist als erledigt zu betrachten.

le tout est de faire son devoir das Wichtigste ist und bleibt die Pflichterfüllung.

tout est frit! alles ist hin!

tout est manqué! alles (ist) verloren!

tout fait fix und fertig.

tout le contraire genau das/im Gegenteil.

tout le monde jeder(mann), alle.

tout le monde a deux patries: la sienne et – la France jeder (wörtlich alle Welt) hat zwei Vaterländer: das seine und – Frankreich.

tout le Saint-Frusquin alle sieben Sachen, die Habseligkeiten.

tout mon monde meine ganze Familie plus Hauspersonal plus Gäste . . .

tout ne finit pas là das ist (aber) noch nicht alles!

le tout Paris die Pariser Gesellschaft, die oberen Zehntausend.

tout peut naître ici-bas d'une attente infinie alles kann entstehen hier auf Erden aus einem unendlichen Warten; ein Wort aus der »poetischen Philosophie« in der Dichtung von Paul Valéry (1871–1945) in der Bedeutung: Verfügte man über die Unendlichkeit der Zeit, so könnte man alles (ins Geistige!) verwandeln.

tout rempli d'égards sehr rücksichtsvoll.

tout roule là-dessus das ist die Hauptsache!

tout sec lediglich, nur.

tout simplement ganz einfach, einfach so.

tout y va la paille et le blé alles geht drauf – nämlich das Stroh, *la paille,* und das Korn, *le blé.*

toute la gamme wörtlich: die ganze Tonleiter/Skala, d.h. vom ersten bis zum letzten.

toute la lyre die ganze Leier; der ganze Kram.

toute la sainte journée den ganzen lieben Tag.

toute réflexion faite alles wohlerwogen, nach reiflicher Überlegung.

toute une vie de privations ein entbehrungsreiches Dasein; ein Leben, das man kümmerlich fristet.

le train du monde der Lauf der Welt.

la traite des blanches der Mädchenhandel.

un travail au rabais eine schlechtbezahlte (»rabattierte«) Arbeit.

Trente-et-quarante ist 30 + 40, ein Glücksspiel mit sechs Whistspielen (französische Karten), zusammen also 312 Blättern.

Trente-et-un Das Kartenglücksspiel »31«; wer zuerst einunddreißig Augen (Punkte) hat, gewinnt.

trop de zèle → *pas de zèle . . .*

trouver sa roche Tarpéienne sein Aussehen/seine Beliebtheit (politisch) verlieren; in Anspielung auf den Tarpejischen Felsen des alten Rom, von dem die Verbrecher hinabgestürzt wurden; → *peu de distance . . .*

tu l'as voulu, George Dandin, tu l'as voulu! stammt aus Molières Stück »George Dandin« (1668) und wird bei Mißgeschicken, die jemand selbst verschuldet, gerne zitiert, oft auch in der Form: *vous l'avez voulu!* Sie haben es (ja so) gewollt!

le tutu ist der traditionelle kurze Ballettrock der Tänzerin; eine »Erfindung« des 19. Jahrhunderts, bestehend aus mehreren Tüllschichten, anfänglich bis zu den Waden reichend, später verkürzt und nur mehr von der Hüfte abstehend, so daß die ganze Länge der Beine sichtbar wird.

U

l'Univers n'est qu'un défaut dans la pureté du Non Être Das Universum ist nur ein Fehler in der Reinheit des Nicht-Seins, sagte der französische Dichter Paul Valéry († 1945) in seinem Streben nach absolut »reinem Bewußtsein«, das die Individualität ausschließt – ein für ihn typischer Stufengang fortwährender Abstraktion (nach E. R. Curtius).

usé jusqu'à la corde abgedroschen, abgenutzt.

V

vacciné avec une pointe de phono immerzu daherredend; wörtlich: (wie) mit der Nadel eines Plattenspielers geimpft.

la vache qui rit diese »Kuh, die lacht« ist der Beiname einer französischen Käsesorte.

un va-et-vient continuel ein ständiges Gehen und Kommen.

Le Vaisseau fantôme wörtlich: das Geisterschiff, französischer Titel der Oper »Der fliegende Holländer« von Richard Wagner.

valoir mieux que sa réputation abgeleitet aus »Hochzeit des Figaro« von Beaumarchais (1784); Graf Almaviva, dem ein schlechter Ruf nachgesagt wird, erwidert in diesem Text: *Et si je vaux mieux qu'elle* – und doch bin ich besser als diese *(réputation)* ... Das Idiom findet sich wieder in Schillers »Maria Stuart« (3, 4) und auch bei Goethe im 7. Buch von »Dichtung und Wahrheit«.

Vanité! Cause Première! heißt in der Rilkeschen Übersetzung: Eitelkeit! O erster Grund der Gründe! ... und stammt aus dem Gedicht »Entwurf einer Schlange« – Ébauche d'un Serpent – von Paul Válery, das er Henri Ghéon gewidmet hatte.

va te coucher! wörtlich: geh dich hinlegen, d.h. laß mich in Ruhe!

le va-tout bezeichnet das ganze bei einem Spiel »stehende« Geld (den ganzen Einsatz).

vendre du vent wörtlich: Wind verkaufen, bedeutet: etwas versprechen, ohne es wirklich halten zu können.

venir de rien ganz klein, praktisch mit nichts anfangen; in diesem Zusammenhang spricht man auch von einem *parvenu.*

le vent tourne das Blatt (wörtlich: der Wind) wendet sich.

veuillez agréer l'assurance de ma considération distinguée ist die Formel für »mit vorzüglicher Hochachtung«.

la vie est un combat eigentlich *ma vie* . . . in Voltaires Tragödie »Le Fanatisme ou Mahomet le prophète« (1739); Beaumarchais hat sich daraus sein Motto genommen; der Gedanke ist alt: in der Bibel steht *militia est vita hominis;* leben heißt kämpfen, sagte Seneca.

la vieille garde meurt et ne se rend pas die alte Garde stirbt und ergibt sich nicht; so soll General Cambronne bei Waterloo am 18. 6. 1815 gesagt haben. Jedenfalls trägt sein in Nantes errichtetes Denkmal diese Inschrift. Nach anderen Quellen eine Formulierung des Journalisten Rougemont nach der oben erwähnten Schlacht; jedenfalls ist das Zitat bestens anzuwenden für Menschen, die streng in einer bestimmten Tradition stehen, die keinen Zoll weichen, auch wenn es hart auf hart geht.

une vieille moustache wörtlich: alter Schnurrbart; bezeichnet einen kampferprobten Mann, einen echten Haudegen.

vieilles lunes! Zeiten, an die man sich nicht mehr erinnert; das ist doch schon nicht mehr wahr!

vieux commes les rues uralt, »stein«alt (wörtlich wie die Straßen).

un vieux marcheur ein alter Sünder.

Vieux Saxe heißt »Alt-Sachsen« und bezeichnet Meißener Porzellan.

le vif de la question der Kern der Sache, worauf es ankommt.

vis-à-vis de rien vor dem Nichts (stehen).

visiter le bord wörtlich: die Grenze besuchen, d. h. im Jenseits landen.

vivre à gogo sehr behaglich leben.

vivre comme un ours ungesellig sein, einsam leben, *ours* ist der Bär.

vivre en prince fürstlich leben.

le vivre et le couvert Kost und Logis.

vivre d'industrie sehr gerissen sein.

vogue la galère! gehe es, wie es will . . .

voici le reste de notre écu! das fehlte (gerade) noch!

voies de fait Tätlichkeiten.

voilà bien une autre histoire das ist ganz etwas anderes!

voilà des choses qui jurent! das paßt (alles) nicht zusammen.

voilà du nouveau! das ist aber höchst seltsam!

voilà le chiendent! da liegt der Hase im Pfeffer! Vergleiche im Deutschen: da liegt der Hund begraben! *le chiendent* ist eigentlich die Quecke, deren Wurzeln schwer auszurotten sind.

voilà justement comme on écrit l'histoire das ist just (die Art), wie man (die) Geschichte schreibt; so Voltaire in 1, 7 der Komödie »Charlot«; ein Wort, das er auch in einigen Briefen verwendete.

voilà parler, cela! das heißt gut reden . . .

voilà, un homme! Mit diesen Worten verabschiedete Napoléon I. (1769–1821) J. W. von Goethe in Erfurt, wo er ihn am 2. 10. 1809 empfangen hatte. Es wäre wohl etwas blasphemisch, an das biblische *Ecce homo* zu denken, doch ist das Wort sicherlich als Würdigung eines ganz Großen zu verstehen.

voilà votre fille est muette wörtlich: sehen Sie, Ihre Tochter ist stumm; bedeutet: da bleibt Ihnen die Spucke weg – als Nachsatz zu einer unklaren Aussage gebräuchlich.

voilà un beau mystère! aber das weiß doch jedes Kind!

voilà un bon plat ironisch für: das ist mir eine feine Gesellschaft!

voir du pays viel (herum)reisen.

un voisin de sa perte einer, der dem Untergang nahe ist.

la voiture de Saint-Crépin auf Schusters Rappen.

Votre solidité war der Spitzname für Madame de Maintenon, verwitwete Scarron, die erst Maitresse Ludwigs XIV. war und ihm mit 48 Jahren legitim angetraut wurde; diesen Namen erhielt sie wegen ihrer Frömmigkeit und ausgeprägten Standhaftigkeit.

le vrai seul est aimable → *rien n'est beau que . . .*

vous en êtes à cent lieues! weit gefehlt! (wörtlich: Sie sind hundert Meilen davon weg).

vous êtes tout pardonné! keine Ursache; das geht in Ordnung.

vous êtes trop bon! wie freundlich von Ihnen!

vous l'avez voulu → *tu l'as voulu . . .*

vous n'êtes pas de trop Sie stören nicht! So bleiben Sie doch!

vous n'y êtes pas gebräuchlich nach Fragen wie: ist es so oder so, dies oder jenes? Was ist wirklich? im Sinne von: Da irren Sie sich aber gewaltig!

vous voyez le tableau! wörtlich: Sie sehen das Gemälde, d.h. man stelle sich die Lage vor . . .

vous voulez rire wörtlich: Sie wollen lachen; bedeutet: das kann doch nicht Ihr Ernst sein!

voyons! sieh mal! ach so!

voyons voir wir wollen (das einmal) genau prüfen.

Y

y pensez-vous? wo denken Sie hin? Was fällt denn Ihnen ein?

Z

zéro ist Null; beim → *Roulette* die »37. Nummer« des Tableaus, welche der Bank einen Vorteil sichert, ohne den sie ihren Betrieb nicht aufrechterhalten könnte: Zéro ist »farblos«, d. h. weder *rouge* noch *noir,* und gehört auch sonst keiner »einfachen Chance« an. Es gehört weder einem Dutzend noch einer Kolonne an, was durch sein besonderes Spielfeld am Kopf des Tableaus erkenntlich ist. Gewinnt Zéro, zahlt es wie jede andere (einzelne) Nummer, nämlich den fünfunddreißigfachen Einsatz, jedoch verlieren in diesem Moment alle Dutzende und Kolonnen zur Gänze, alle auf einfache Chancen gesetzten Beiträge haben nur mehr den halben Wert und sind gesperrt.

Literaturhinweise

Ballett-Lexikon, hsg. von Alexander J. Balcar, Paris, 1957, dt. München-Zürich 1958

Bodmer, Frederick: Die Sprachen der Welt. Geschichte, Grammatik, Wortschatz in vergleichender Darstellung, dt. Köln-Berlin o.J.

Büchmann, Georg: Geflügelte Worte. Die klassische Zitatensammlung, S. Fischer, Taschenbuch, 1957

Duchamp, Henry/Jenning A.: Le traducteur des menus. Français-anglais-allemand, Zürich 1961

Gorys, Erhard: Die Kunst, eine Speisekarte zu lesen, Wien 1964

Jullian, Philippe: Snob-Lexikon – Dictionnaire du Snobisme, dt. Köln-Berlin 1962

Olivier, René/Militz, Hans-Manfred: Französische idiomatische Redewendungen – Locutions Françaises, Leipzig 1978

Sellner, Alfred: Latein im Alltag. Sentenzen, Sprichwörter, Phrasen. Wiesbaden-Wien 1980

Vossen, Carl: Mutter Latein und ihre Töchter. Weltsprachen und ihr Ahnenpaß. Düsseldorf 1968

Wallisch, Friedrich: Vom Glück des Sammelns, Nürnberg o.J.

Franz Dornseiff

Der deutsche Wortschatz nach Sachgruppen

ISBN 3-928127-65-9

Das seit rund siebzig Jahren unübertroffene Standardwerk stellt den Reichtum der deutschen Sprache vor – von der Literatursprache, der feierlichen gehobenen Sprache bis zur manchmal durchaus derben Umgangssprache, einschließlich der Redensarten, Grußformeln u.v.a.

Besonders wertvoll wird das Werk gerade in der heutigen von Amerikanismen beherrschten Sprache, dass man fast immer ein treffendes deutsches Synonym findet, das die selbe Sache klar und verständlich ausdruckt.